管理
MANAGEMENT

上海国际航运中心与临港新片区联动发展

汪传旭 等 编著

Interactive Development of Shanghai International Shipping Center and Lingang Special Area

内容提要

本书通过分析上海国际航运中心与临港新片区联动所面临的国内外环境，总结临港新片区在上海国际航运中心建设中的地位与作用，梳理国际知名航运中心和国内主要航运中心与自由贸易区（自贸试验区）联动的主要经验，剖析上海国际航运中心建设与临港新片区联动的现状与潜在的问题障碍；结合临港新片区航运服务业发展的实际，提出上海充分利用临港新片区现有政策制度，克服自身短板与瓶颈，助推上海国际航运中心新一轮功能提升的对策建议；依托临港新片区制度优势，对标国际知名航运中心最高标准和最好水平，结合自身特色与优势，实现上海国际航运中心新一轮政策突破的对策建议。

本书可以作为国际物流管理、国际贸易等行业领域的政府部门、企业事业单位管理人员参考用书，也可以作为相关专业本科生、研究生的教辅资料。

图书在版编目(CIP)数据

上海国际航运中心与临港新片区联动发展 / 汪传旭等编著. —上海：上海交通大学出版社，2023.4

ISBN 978-7-313-28385-6

Ⅰ.①上… Ⅱ.①汪… Ⅲ.①国际航运-航运中心-发展-研究-上海②自由贸易区-经济发展-研究-上海 Ⅳ.①F552.751

中国国家版本馆CIP数据核字(2023)第044758号

上海国际航运中心与临港新片区联动发展

SHANGHAI GUOJI HANGYUN ZHONGXIN YU LINGANG XINPIANQU LIANDONG FAZHAN

编　　著：汪传旭 等

出版发行：上海交通大学出版社　　地　　址：上海市番禺路951号

邮政编码：200030　　电　　话：021-64071208

印　　刷：苏州市古得堡数码印刷有限公司　　经　　销：全国新华书店

开　　本：710mm×1000mm　1/16　　印　　张：9

字　　数：133千字

版　　次：2023年4月第1版　　印　　次：2023年4月第1次印刷

书　　号：ISBN 978-7-313-28385-6

定　　价：59.00元

前言

习近平总书记于2019年11月在上海考察时对临港新片区建设提出了“五个重要”的明确要求。上海自贸试验区临港新片区将以“五个重要”为统领，建设更具国际市场影响力和竞争力的特殊经济功能区。2020年在浦东开发开放30周年庆祝大会上强调要更好发挥临港新片区作用，“对标最高标准、最高水平，实行更大程度的压力测试，在若干重点领域率先实现突破。”临港新片区坚持以供给侧结构性改革为主线，在服务业发展的质量变革、效率变革、动力变革上持续发力，打响“临港新片区服务”的特殊经济功能标识、特色区域品牌，推动产业链、价值链、创新链集聚，形成高端、现代、开放的服务业集聚效应。为了促进航运服务业高质量发展，临港新片区大力发展高能级航运服务，打造全球航运枢纽港。围绕建设高能级全球枢纽港、增强全球航运资源配置、服务供给能力，以高附加值、高技术含量、创新商业模式、高端客户服务对象、全球服务范围、抢占价值链支配地位为导向，促进各类高端航运要素集聚，持续提高开放水平和国际竞争力，打造建设上海国际航运中心的主战场、高端国际航运的服务高地、现代航运文化发展的示范区。到2025年，实现货物进出口总额突破1 500亿元，港口集装箱吞吐量达到2 400万标准箱。

上海国际航运中心建设是我国重要的国家战略，也是上海城市发展的重要战略目标。上海在2020年基本建成具有全球航运资源配置能力的国际航运中心基础上，需要应对日益变化的国内外环境，在功能、政策、产业和制度等领域实现进一步突破，加快构筑新时代国际航运中心的战略优势。“十四五”时期是上海加快建设具有世界影响力的社会主义现代化国际大都市的关键五年，也是上海国际航运中心从“基本建成”迈向“全面建成”的历史新阶段。上海将加快形成枢纽门户服务升级、引领辐射能力增强、科技创新驱动有力、资源配置能级提升的上海国际航运中心发展新格局。2025年，基本建成便捷高效、功能完备、开放融合、绿色智慧、保障有力的世界一流国际航运中心。上海加快构建洋山港水公铁集疏运系统，建设临港集疏运中心，研究推动南港码头铁路专用线建设。到2025年集装箱水水中转比例不低于52%，集装箱海铁联运总量较“十三五”期末翻一番。

目前全球航运出现数字化、低碳化新趋势，后疫情时期，全球供应链格局出现新变化；国内也正在实施“一带一路”倡议、长三角一体化战略和海运强国战略；上海城市正在打响“四大品牌”、强化“四大功能”。国内外出现的各种新环境对上海国际航运中心建设提出了进一步升级发展的新要求。上海国际航运中心建设与临港新片区联动可以进一步在航运税收、口岸监管、外汇收支便利化等方面实现突破，加速上海国际航运中心航运功能拓展、航运产业升级和航运制度开放，助推上海国际航运中心进一步转型升级。

境外主要航运中心无不与自由贸易区息息相关，而且均与自由贸易区联动发展，通过两者联动发展进一步提升了航运中心的竞争力。如迪拜、伦敦和新加坡等通过自由贸易区推行优惠的税收政策，增强航运要素集聚功能；发挥海空互动效应，提高物流枢纽地位；提供简便的货物监管，促进航运物流自由化；实行宽松的金融管制，提升航运服务能级；创建智能化港口社区，加快航运数字化转型。国内港口城市也积极探索航运发展与自由贸易试验区之间的联动发展，通过两者联动有力提升港口枢纽功能和航运中心地位。如上海、天津、大连、宁波—舟山、广州、青岛等主要港口城市以自由贸易试验区为载体，依托政策创新，探索国际船舶登记制度；借力投资制度改革，延伸航运产业链；发挥金融开放优势，拓展融资租赁业务；利用新型贸易机遇，提升港航需求规模；实现海港空港联动，拓展航运服务功能；对接“一带一路”倡议，打造多式联运枢纽。

结合上海国际航运中心建设的客观要求、上海自贸试验区临港新片区建设给航运业带来的机遇和支撑、境外主要航运中心与自由贸易区之间联动发展的经验举措，有必要探究上海国际航运中心与临港新片区联动的总体思路和对策建议。

本书通过分析上海国际航运中心与临港新片区联动所面临的国内外环境，总结临港新片区在上海国际航运中心建设中的地位与作用，梳理国际知名航运中心和国内主要航运中心与自由贸易区（自贸试验区）联动的主要经验，剖析上海国际航运中心建设与临港新片区联动的现状及潜在的问题障碍；结合临港新片区航运服务业发展的实际，提出上海充分利用临港新片区现有政策制度，克服自身短板与瓶颈，助推上海国际航运中心新一轮功能提升的对策建议；依托临港新片区制度优势，对标国际知名航运中心最高标准和最好水平，结合自身特色与优势，实现上海国际航运中心新一轮政策突破的对策建议。

全书内容共分七章，第一章由宋璟瑶撰写，第二章由刘娟娟撰写，第三章由汪传旭和王翀撰写，第四章由汪传旭和郭胜童撰写，第五章由许长延撰写，第六章和第七章由汪传旭撰写。汪传旭对全书内容进行了统稿。

由于时间仓促、水平有限，本书难免存在不妥之处，恳望读者不吝指正，提出宝贵意见。

作者

2022 年 11 月

目 录

第一章　上海国际航运中心与临港新片区联动发展面临的环境与需求 / 1
　第一节　上海国际航运中心建设面临的新环境 / 1
　第二节　上海国际航运中心与临港新片区联动发展面临的新需求 / 17

第二章　临港新片区在上海国际航运中心建设中的地位与作用 / 24
　第一节　临港新片区航运发展现状 / 24
　第二节　临港新片区航运产业对上海国际航运中心建设的贡献度分析 / 36
　第三节　临港新片区航运产业发展规模预测 / 40
　第四节　临港新片区制度创新对上海航运产业发展的促进作用 / 44

第三章　境内外航运中心与自由贸易区联动发展的主要经验 / 47
　第一节　境外国际航运中心与自由贸易区联动发展的主要经验 / 47
　第二节　国内航运中心城市与自贸试验区联动发展的主要经验 / 52

第四章　上海国际航运中心与临港新片区联动发展的现状与瓶颈制约 / 63
　第一节　上海国际航运中心与临港新片区联动发展的现状 / 63
　第二节　上海国际航运中心与临港新片区联动面临的瓶颈问题 / 83

第五章　上海国际航运中心与临港新片区联动发展的必要性 / 90
第一节　上海城市能级提升的内在要求 / 90
第二节　上海国际航运中心转型升级的客观要求 / 95
第三节　临港新片区航运服务国际竞争力提升的必然要求 / 102

第六章　上海国际航运中心与临港新片区联动发展的总体思路 / 106
第一节　立足“一个核心” / 106
第二节　兼顾“三个层面” / 108
第三节　依托“三个主体” / 111

第七章　上海国际航运中心与临港新片区联动发展的重大举措 / 113
第一节　利用临港新片区现有政策加快建设上海航运中心的对策建议 / 113
第二节　依托洋山特殊综合保税区进一步寻求航运政策突破的对策建议 / 121

参考文献 / 126
索引 / 131

第一章　上海国际航运中心与临港新片区联动发展面临的环境与需求

第一节　上海国际航运中心建设面临的新环境

一、国际环境

(一)数字航运实现新突破

数字化是近年来航运业发展的热点。2019 年挪威—德国劳氏船级社发布的《技术展望 2030》指出,数字化是世界港航业未来发展的重要目标。在数字化浪潮的催动下,世界各大重要航运中心也纷纷采取各类举措,以跟随“数字化”的趋势,实现发展“数字港航”的目标。其中,以新加坡、伦敦、鹿特丹、洛杉矶等为代表的国际典型航运中心已经利用数字化在一定程度上实现了传统航运经营业务的提质增效。目前,国际典型航运中心的数字化转型主要在以下方面实现了新突破。

一是具有战略部署和详尽规划。例如,新加坡 2015 年提出了《2030 年下一代港口规划》(NGP2030),这是面向未来的港口总体规划和发展战略,目的是利用最新前沿技术提高港口的作业效率、高效利用港口土地以及确保港口作业安全性,从而带动整个航运业的数字化转型。目前,新加坡“下一代港口规划”已进入初步实施阶段,提出了一系列的具体规划和发展路径、阶段性目标,主要包括:“国际海事中心(IMC)2030 咨询委员会”2017 年发布的以数字化为核心的《IMC2030 战略报告》,从全局角度对航运数字化进行部署,将建设新型基础设施、提高航运研发能力、促进本地航运人才培养等确定为基本战略,其中以数字化为核心的技术要素贯穿始终,强调以创新、生产力、人才推动新加坡海洋运输业转型发展，保证其枢纽地位；2018 年推出的“海运转型路线图”及其实施方案，设计了具体详细的数字化发展规划，即“海事转型项目”（Maritime Transformation Programme，MTP）等。依据该路线图，新加坡港航业到 2025 年将新增 5 000 个就业岗位，并创造 45 亿新元（约合 33.9 亿美元）的行业增值。到 2030 年将基本完成以海事创新技术为核心的新加坡海运业转型；2018 年出台的 MPA 海事改革计划（MTP），主要包括在下一代港口、无人船、智能海上作业等方面提高海事研发能力，与新加坡海事数据中心（SG-MDH）合作进行数字应用程序和服务的开发，并设立了海事集群基金，前期共投入一亿新加坡元，支持各个项目的研发设计与建造。鹿特丹港也将建设全球一流的智能港口作为保证其世界领先地位的主要手段之一。鹿特丹港务局在港口发展规划制定中兼顾长期和近期，既有周期为 20 年的长期发展规划，依据是港口自身的特征和相对优势，并考虑所依托城市的社会经济特征，也有以 5 年为更新周期的港航业发展规划，随时关注国际港口业的动态以及产业链的最新状况。在智能港口建设方面，鹿特丹从如下方面开展全方位的推进：利用先进电子信息和网络通信技术进行港口管理，例如针对货车和司机制定的“货运信息卡”；利用智能技术优化码头效率，能够精确定位汽车码头的每辆汽车，以及利用码头操作系统实现无人化港口装卸；利用电子报关报验、船舶与货运数据电子申报等无纸化系统代替传统的工作模式，减少人力物力投入，提高效率和准确性，等等。这种有条不紊、全面规划、齐头并进的建设方案，使得鹿特丹在传统的地理优势上增加了技术优势，在竞争日益激烈的全球国际航运中心排名中仍然稳居前十。

二是积极打造数字化港口社区平台。建设和运营以信息技术为核心的港口社区平台系统，能够实现产业链各环节的数据共享、无纸化运行，达到精简工作流程、提高运营效率、为各利益相关方提供决策依据的目的，进而实现全产业链的数字化整合。在全球知名国际航运中心当中，新加坡十分重视航运数字平台的建设和使用，如提供海事社区服务的 Marinet、实现船舶信息高效共享的 JIT 规划协调系统、海上监管和港口服务交易的一站式门户 Digital PORT@SG、新加坡海事及港口管理局主导开发的政府间数字平台 MSW 海上单一窗口等。洛杉矶港也与通用电气合作打造一个港口货物信息门户，其目标是开发数字化解决方案来保证货物在洛杉矶港的高效流动，为货主、船公司以及其他利益相关方提供更好的数据服务，同时让港口和码头运营商有更充分的时间来追踪进出港货物，进而更加高效地管理船舶。该方案涵盖数千家货物进口商、15 000 家卡车服务商和近 900 万 TEU 集装箱，如果数字化方案得以在整个港口全面实施，洛杉矶港的运营效率有望提高 8%～12%。鹿特丹港的电子数据交换系统（EDI）已经应用多年，主要用来面向全世界参与港口相关业务和经营活动的各方提供交易服务、增值技术服务和信息支持。目前，鹿特丹港还在继续推进数据可视化，其开发的数字化应用程序 Pronto、船舶车辆的卫星定位系统、内河运输信息系统、地理信息系统、无线电通信系统等，都能够通过港口的公共电子信息平台和各参与主体进行电子数据的交换共享。

三是通过合作与联盟推动创新研发。首先体现为政府与技术人员、高等院校的合作，例如，新加坡将发展目标定位为"国际海事研发中心"，已经与新加坡"科学、技术和研究机构"和经济发展委员会合作成立"新加坡海事研究所"，由交通和卫生部支持发起了"数字创新者圈"，由新加坡海事及港口管理局主导成立了 MPA Living Lab、PSA Living Lab 和裕廊港 Living Lab 等若干实验室，并与地方高等学府合作建立了海事研发卓越中心。其次体现为航运企业与技术企业之间的数字化合作，例如：近年来由马士基和 IBM 合作开发成立的基于区块链技术的 TradeLens 数字化航运平台，已经吸引了全球各大主要航运公司的加入，共同开发数字航运解决方案；由达飞集团、中远海运集运、中远海运港口、赫伯罗特、和记港口集团、东方海外、青岛港集团、新加坡国际港务集团和上海国际港务集团等全球领先的航运公司、码头运营商共同发起设立的航运区块链联盟 GSBN，标志着航运巨头和港口之间将加强数字化信息共享和技术合作，为供应链中的所有利益相关者运营提供一个安全可靠的数据交换平台，引入各种创新服务和应用程序，以简化运营流程和总体效率；由全球四大集装箱班轮公司马士基、MSC、赫伯罗特和 ONE 联合成立的数字集装箱航运协会 DCSA，旨在制定集装箱行业通用信息技术标准、规范数字化发展，为集装箱航运业的数字化、信息技术标准化和互通性铺平道路。以上航运数字化联盟均是共同进行航运数字化技术开发，提升行业数字化标准。鹿特丹港开发的 Navigate 平台收集了超过 1 500 家相关公司的商业目录，所提供的船期查询服务覆盖了连接全球 500 多个港口的远洋和近海船期表，并整合了可供堆放空集装箱的内陆码头及空货场信息等，从而能够通过信息的合作共享，为用户提供航线规划、业务咨询与便利的便捷。

四是扶持数字化进程中的中小、初创企业。随着航运数字化从早期“小圈子”的探索拓展到整个产业链的需求，一些在此进程中发展较为滞后的环节成为影响整个航运数字化全面实施的短板所在，在航运业形成“双重经济”的不平衡现象，进而影响航运数字化的总体进程。因此需要为数字化程度较低、实施难度较大的航运中小型企业、初创企业提供资金、技术、咨询等方面的支持。例如新加坡专门制定了“中小企业走向数字化计划”，为它们提供数字化转型的路线图、数字解决方案、专家咨询等资源，致力于支持中小企业采用数字技术改进运营质量和提高生产力。新加坡还为航运初创企业设立了“PIER71 基金”“海事集群基金”等专项基金，支持这些企业进行数字化运营，开发数字化的创新解决方案。

（二）绿色航运呈现新趋势

绿色航运已成为国际航运业发展的主基调之一。近年来，绿色航运发展呈现以下方面的新特点。

一是绿色航运的范围逐渐拓展并形成体系化。从绿色航运的内涵来看，其覆盖面愈加广泛且逐步完善，已经包括了海洋—大气一体化污染防控、压载水处理、无害拆船、水下噪声减少等各个方面，使航运环保不再是分散、孤立的议题，而形成一个海陆空全方位、各技术领域共同协作的绿色航运体系。从地域角度来看，绿色航运体系正呼吁各国家和地区携手打造，而非单纯将污染的区域进行转移。随着国际海事组织（IMO）确立到 2050 年将船舶排放的温室气体总量减少 50%，各国家和地区例如美国、英国、日本等也宣布了各自实现船舶净零排放的目标。绿色航运体系的建立需要全球协同部署，例如：针对全球关键航线，建立“绿色航运走廊”，在两个港口之间打造点对点的零排放线路；在相邻的港口集群共同设立船舶排放控制区，在更大的范围内以政策协作的方式减少近海污染和排放；在港口集群或是位于同一航线的主要港口协同部署替代燃料加注、岸基充电设备等基础设施。

二是绿色航运的实施要求多种运输方式衔接整合。集疏运体系优化成为推进绿色航运的重要举措，海—铁中转、海—水中转成为主要航运中心重点扶持的联运方式，以有效减少公路运输带来的污染排放。2021 年，国外代表性腹地型集装箱港口的集疏运结构中，铁路和水路所占的运输比重总和大多超过了 50%，德国汉堡港甚至高达 71.3%，荷兰鹿特丹港和比利时安特卫普港也都高于 64%，韩国釜山港为 58%。其中安特卫普港、鹿特丹港、釜山港水路所占的集装箱吞吐量比例分别为 59.9%、57.8%、55.1%，汉堡港铁路所占的集装箱吞吐量比例为 32.1%，以及洛杉矶和长滩港均为 25.9%。就中国而言，2020 年上半年，上海洋山港水—水中转比例已经超过 50%，随着沪苏通铁路、沪乍杭铁路、沪苏湖铁路等干线重点项目的建设推进，海铁联运也正在迅速发展。2021 年，连云港的铁路和水路运输集装箱吞吐量的比例总和达到了 70.9%，其中水路就占了 62%。以上均为绿色航运发展背景下各港口积极完善集疏运体系、大力发展铁路和水路运输的显著成效。

三是绿色航运与相关技术协同发展。2022 年 9 月 29 日的“世界海事日”(World Maritime Day)将“新技术助力绿色航运”作为主题，国际海事组织(IMO)在官网上列出了一系列新的绿色航运技术发展方向，包括太阳能渔船和货船、新型高效节能螺旋桨、用于船舶纵倾优化的人工智能、提升生物污底的预防和管理以及测试生物污底的新技术等。一方面，技术进步使绿色航运的实施可以有多种选择方案。例如，2020 年 1 月 1 日起生效的 IMO 新规要求全球船用燃料的硫排放上限不能超过 0.5%，被称作史上“最严格限硫令”。但 IMO 对达到这一标准的路径并未做硬性规定，可以采用低硫燃油、安装船载脱硫装置、使用 LNG 等替代燃料，或是自主研发其他技术手段。多样化的实现途径既允许企业采用各自适宜的方式走向绿色航运的模式，也为各国家和地区、各企业探索多样化的技术手段提供了激励。另一方面，较高的航运环保标准也对技术的不断创新提出了紧迫要求，例如在减耗降阻、污染物处理、新型动力等方面将促进新技术、新成果的开发和应用，最终使节能环保型船舶成为业界的普遍选择。2019 年 12 月，“绿色研究基金”由世界主要航运协会共同设立，计划到2030年筹集50亿美元用于开发航运减排的新技术。资金的投入和业界的普遍关注正说明航运与环境问题的解决迫在眉睫，绿色科技的升级创新将成为世界航运业竞争的又一阵地。

四是绿色航运拓展为航运业与相关行业共同关注的焦点问题。例如，2019年6月，美国花旗银行等11家银行共同签署了“波塞冬原则（Poseidon Principles）”行业框架协议，首次将环保因素作为航运贷款或融资的决策条件之一，体现了金融业对绿色航运的重视。同年9月成立的“零排放联盟”参与者包括马士基、德迅、现代商船等航运企业，能源、基建、制造领域的领军企业以及若干金融机构。而2019年，全球碳市场总价值实现连续三年的大幅增长，总价值达到2 145亿美元，投入运行的碳排放权交易体系已经达到20个，其中航运是碳交易所覆盖的主要行业。这些情况表明，环保问题已经超出单纯的航运框架，成为金融、能源、制造、贸易等相关领域共同关注的重点问题。实现绿色航运，也是当前各国际航运中心及其所在城市和国家维持行业地位、实现可持续发展所必须纳入考量的目标。

五是“双碳”目标对航运业提出了更艰巨的减排任务。2020年，我国正式确定到2030年实现碳达峰，2060年完成碳中和的“双碳”目标。碳达峰要求在该年度二氧化碳排放量达到峰值，此后逐步降低；而碳中和意味着通过植树、节能减排、碳捕集、碳封存等方式抵消所排放的二氧化碳，实现二氧化碳净排放量为零。实现“双碳”目标对于交通行业是一项十分艰巨的任务，尤其是作为碳排放“大户”、行业状况复杂、涉及因素繁多的航运业，更需要在此目标背景下积极探索如何从能源结构调整、科技创新应用、绿色金融建设、政策支持补贴等方面全面变革行业耗能方式，按时实现行业、城市碳达峰，并早日迈进碳中和目标。

（三）后疫情时代全球供应链格局出现新变化

2019年年末开始的COVID-19疫情为全球航运业带来了巨大冲击和新的挑战，对包括制造、贸易、航运、港口、物流、第三方平台等链条上各节点在内的全球供应链带来了冲击。疫情期间，各国家和地区先后实行停工停产、居家隔离等政策，境内外人员和物资流通受到严格管制，使得航运领域的需求急剧减少，船期也大量出现严重延误，造成船员大规模待业等社会后果。加之由疫情引起的国家之间的舆论战、因疫情而愈发严重的中美贸易冲突等国际紧张形势，使得世界经济总体陷入低迷状态，其严重程度甚至超过2008年的金融危机，特别是对近年来蓬勃发展的全球化势头带来了较大影响，乃至出现“逆全球化”潮流，也使得本已高度一体化的全球供应链受到严重打击。

疫情期间，供给端一度受挫，需求端有所收缩。2020年年初的几个月，由于国内大规模停工停产，跨境人员和物资流通受到严格管制，使得中国中间品出口额大大下降，也因此失去了较多长期稳定的海外订单。同时国外疫情仍处在较为严峻的形势下，各制造商、贸易商的业务受到影响，间接使得我国外需一定程度上缩水。此外，居家隔离政策和对感染的恐慌也使普通消费需求大幅下降。受供应链情势变化影响，航运业也一度呈现出低迷状态。疫情严重期间，世界各大港口业务均受到不同程度的影响，例如，疫情爆发之初，洛杉矶港2020年2月份货运量比上年同期下降22.9%，出口下降5.7%，1—2月该港集装箱总量下降13%。长滩港2020年2月运输标准箱量比2019年同期下降了9.8%，进口下降了近18%。新加坡的大士港建设项目也因疫情而不得不推迟。疫情带来的供应链供需两端疲弱态势也对国内航运业带来了影响。

2020年3月以来，各港口物流已逐渐恢复正常，货物积压情况基本缓解，甚至一度出现“疯狂”反弹回升。历时两年左右的供需严重失衡、价格大幅波动造成各大港口严重拥堵、集装箱供应十分紧张、集装箱价格大幅上涨，乃至“一箱难求”“一舱难求”。同时全球疫情导致集装箱随货物运出之后无法顺利回流，又进一步加大了集装箱的需求缺口。然而航运市场这一持续了两年的兴旺态势已有降温趋势。2022年，航运市场的运费呈现持续下跌的形势，虽然全球集装箱运输量仍在高位，但已出现需求放缓的节奏。随着此前的一些重要港口和航线的拥堵状况已得到缓解，集装箱的回流和运转愈加顺畅，利用率逐步提高，此前大量生产的集装箱也面临价格下跌乃至积压的风险。有专家预测，到2022年底，全球航运市场将回落到疫情前的“正常”水平。但由于全球经济放缓和国外疫情走势尚不明朗，未来全球供应链格局变化给航运业带来的影响仍然呈现不确定性。

此外，疫情带来的办公、经营、商贸、交往等模式的变化，又进一步推进了航运信息化、数字化的进程。自疫情爆发以来，各港航相关企业纷纷利用5G网络、人工智能、区块链云计算、大数据等技术应对战“疫”形势，为抗击疫情提供重要的“智能支撑”。在这场疫情中，通过创新信息技术驱动生产经营模式的变革，决定了航运中心城市和航运企业是占得先机、转型升级、迎来新的发展空间，抑或是加速被淘汰。由于疫情防控已经常态化，并将在全球范围内长期存在，由疫情而促动的数字化浪潮将在航运领域持续发酵，影响不断扩大、程度不断加深，促进航运业进一步加快线上服务模式探索和数字化转型的步伐。

二、国内环境

(一)“一带一路”构建国际航运新格局

截至2023年，“一带一路”倡议已进入第10年，至今已为航运业带来了诸多发展机遇。中国与“一带一路”沿线国家的贸易大幅增加，2013至2019年，中国与“一带一路”沿线国家货物贸易进出口总额从1.04万亿美元增至1.34万亿美元。2019年，中国与138个签署“一带一路”合作文件的国家货物贸易总额达1.90万亿美元，占中国货物贸易总额的41.5%，其中，出口9 837.6亿美元，进口9 173.9亿美元。2019年，中国与“一带一路”沿线国家服务进出口总额1 178.8亿美元，其中出口380.6亿美元，进口798.2亿美元。中国与“一带一路”国家贸易量的增长势必引起国际运输需求的提升，从而成为国际航运发展的新引擎。

例如：在促进国际航运业务的直接增长方面，中远海运发起成立了“海洋联盟”，作为全球最大的班轮联盟，专门为“一带一路”提供海运服务；在新航线的开拓方面，各海运企业也在“一带一路”沿线开辟新航线，增加班次，完善海运网络布局，截至2022年9月，全国已有94条以“丝路海运”命名的航线，“21世纪海上丝绸之路”的建设初具规模，全球诸多跨国航运公司纷纷加入“丝路海运”布置新航线，“丝路海运”联盟成员达到271家，“丝路海运”包含的船舶、货运网络日益紧密，目前，《中华人民共和国国民经济和社会发展第十四个五年规划和2035年远景目标纲要》(简称“十四五”规划)中明确指出进一步建设"丝路海运"，国家将会进一步提升"丝路海运"这一海上航线品牌的影响力，以"丝路海运"联盟为引领和主体，不断加强"丝路海运"多核驱动力，力争推动"丝路海运"建设更上一个全新的台阶。在海外投资建设方面，"一带一路"沿线国家之间的互联互通也促进了对沿线港口码头的直接投资和参与经营。在技术合作开发方面，"一带一路"沿线各国在大数据、云计算、智能码头、无人船舶等方面的合作创新研发也在不断加强，共同促进航运业数字化、信息化发展，打造数字海上丝绸之路。例如，福建省从"丝路海运"健康持续发展的需求出发，出台了《支持"丝路海运"发展政策措施》，围绕"丝路海运"打造具有国际影响力的"一带一路"国际贸易综合物流服务平台，提出加强国际贸易"单一窗口"3.0版建设、建设智慧物流平台等新措施。为保证"一带一路"沿线国家的海上安全，减少沿途与海上恶劣天气有关的海难事故，我国自主研发的远洋气象导航系统也已取得成功，以其高水平的精度赢得了国际市场。在促进中小航运企业发展方面，国家全力推进的"一带一路"倡议包括深入实施"放管服"改革，大力推进企业降本减负、提质增效等措施，为中小航运企业参与航运网络布局、与大型港航企业搭建合作平台、走出国门拓展业务渠道提供了良好机遇。总的来看，随着"一带一路"倡议的深入实施，将对上海航运中心的建设起到进一步助推作用：沿线经济增长带来新的业务量，将进一步助推上海航运业发展；贸易畅通对整个航运产业链都提出了更多的需求，将进一步拓展上海航运服务的市场空间；基础设施互联带来更多海外投资和建设机遇，从而进一步助推航运物流发展，资金融通促进资本的跨境流动，能够进一步拓展航运金融和航运海外投资；政策沟通打破地域限制，提高业务效率，进一步推进长三角航运资源高效整合。

（二）海运强国战略推进航运中心转型升级

海运强国的发展目标于2002年由交通运输部首次提出，党的十八大以来，习近平总书记围绕海运强国战略发表了一系列重要讲话，作出了一系列重大部署，推动了一系列重要工作。习近平总书记提出了"由内陆走向海洋，由海洋走向世界、走向强盛"，强调了海洋在国家经济发展格局和对外开放中的重要作用以及在国际政治、经济、军事、科技竞争中的战略地位，提出坚持陆海统筹，走依海富国、以海强国、人海和谐、合作共赢的发展道路，通过和平、发展、合作、共赢方式，扎实推进海洋强国建设，把建设海洋强国作为中国特色社会主义事业的重要组成部分，奠定了航运强国的基本方略，阐释了“每一条新的交通线路，都承载人民幸福梦想的人文情怀”。

2014 年国务院发布的《关于促进海运可持续健康发展的若干意见》，将“优化海运船队结构；完善全球海运网络；推动海运企业转型升级；大力发展现代航运服务业；深化海运业改革开放；提升海运业国际竞争力；推进安全绿色发展”作为重点任务，标志着海运强国建设成为国家战略。至今，我国已阶段性地实现了这一目标，从航运公司规模、港口货物吞吐量、注册运力、年造船产能等方面来看，我国已是当之无愧的航运大国。“十三五”时期，全国航运业已取得如下成绩：船舶累计进出港 9 412 万艘次，港口货物吞吐量达 687 亿吨，旅客运送量超过 42 亿人次；一般等级以上水上交通事故件数、死亡人数、沉船艘数和直接经济损失年均较“十二五”时期分别下降 34.8%、26.1%、50%和 34.4%，搜救成功率达 96%；沿海重点水域和内河重要航段专业船舶溢油清除能力分别达到 1 000 吨和 200 吨，全国船舶排放控制区的船舶硫氧化物、颗粒物排放量明显减少，船舶污染防治成效显著；到 2020 年底注册船员达到 170 多万，与 27 个国家（地区）签署海员适任证书互认或单方承认协议，船员队伍规模稳步扩大、素质持续提升，船员发展环境持续改善，等等。

“十四五”期间，海事领域将持续推进保障水上交通安全、保护水域环境清洁、助力航运业高质量发展、服务国家战略实施、加强装备设施建设、提升国际事务制度性话语权、推进海事管理现代化、强化海事文化引领等九个方面的任务。未来要实现从航运大国到航运强国的进一步发展，上海国际航运中心正在发挥领头作用，继续探索中国特色的海运发展模式，在完善海事法律法规框架、构筑完善的海运人才培养体系、提高海运服务质量等方面继续向一流国际航运中心的目标迈进。

（三）长三角区域一体化助推航运协同发展

交通一体化是区域发展一体化的重要标志，2020 年，《长江三角洲地区交通运输更高质量一体化发展规划》将目标明确为：到 2025 年，基本建成轨道上的长三角，形成干线铁路、城际铁路、市域（郊）铁路、城市轨道交通多层次、优衔接、高品质的轨道交通系统，长三角地区成为多层次轨道交通深度融合发展示范引领区，有效支撑基础设施互联互通和区域一体化发展。长三角地区相邻大城市间及上海、南京、杭州、合肥、宁波与周边城市形成 1～1.5 小时城际交通圈。2021 年发布的《长江三角洲地区民航协同发展战略规划》中指出，到 2025 年建成运营规模、运营效率、服务质量、竞争力均为国际一流的世界级长三角机场群体系。在长三角区域一体化发展工作计划中，港航一体化可谓是先行者和排头兵，长三角区域依托得天独厚的港口资源，目前已经在港航区域规划协作、港口资源整合、港航服务发展以及绿色港航建设方面取得了令人瞩目的进展，也为上海航运中心提出了引领区域航运业协同发展的任务。

2018 年，交通运输部与上海市、江苏省、浙江省、安徽省政府联合印发了《关于协同推进长三角港航一体化发展六大行动方案》，继续完善以“一体两翼”为格局的长三角航运一体化发展战略。COVID-19 疫情期间，组成长三角格局的三省一市仍然在坚持港航一体化协同工作的前提下共同战“疫”，一方面做到严控水路运输的疫情传播蔓延，另一方面全力保证水路运输的通畅，做到互联、互认、互通，高标准、高效率统筹，通力协作解决堵点难点问题，顺利通过了疫情带来的严峻考验。在此背景下，上海国际航运中心需要以组合港各单位为主体，继续积极参与推动长三角政府间、政府与企业间的协同合作，参与区域一体化规划的制定，努力实现航运政策、基建、信息、技术、环保等方面的互联互通，推进长三角世界级港口群的早日建成，以航运服务业率先转型升级引领长三角地区高端航运要素集聚，并在江海、河海、海铁联运等领域发挥引领作用，助推长三角地区港航事业全面升级发展。

（四）海运运价“疯狂”增长倒逼国内航运业务升级

2020 年上半年以来，由于疫情后“报复性”消费、国外发放消费补贴、居家办公和开学季需求、许多国家放开防疫措施等原因推动，国际贸易呈现“井喷式”增长，而苏伊士运河的堵塞，各大港口随之而来的积压和拥堵，以及新冠病毒变异毒株的传播，都使得海运市场呈现异常“火爆”的景象持续了两年多。海运价格节节飙升，部分国际航线的集装箱运价甚至突破了 3 万美元/箱。海运“天价”以及“一箱难求”“一舱难求”的窘迫现状在给国内航运市场带来空前契机的同时，也带来了巨大压力。另一方面，过去两年间供应链的紧张导致的集装箱周转时间延长推动集装箱运输价格远高于历史水平的状况能够延续多久仍然是未知数。到 2022 年下半年初，虽然仍有约 10%的集装箱周转存在瓶颈制约问题，但对集装箱的市场需求已经呈现出疲软之势。在市场重新开放，全球航运货物运输需求逐渐“降温”之后，集装箱、船舶运力等资源的供需将实现新的平衡。2021 年，全球可使用的集装箱总量达到 5 000 万 TEU，其中已有 850 万 TEU 的集装箱处于过剩状态。据 Sea-Intelligence 的一份报告显示，2022 年将交付 450 万～480 万 TEU 的新造集装箱量，预计到 2023 年，全球将有 1 300 万 TEU 的过剩集装箱。2022 年上半年，全球集装箱运费下降了约 20%，而二手集装箱的价格自 2021 年下半年起的一年间也下降了 25%～33%。

由于疫情的发展难以预测，国际形势波诡云谲，未来的国际航运市场究竟是会重现“一箱难求”的“疯狂”态势，抑或是会在短时间内逐渐“冷却”而恢复到疫情前较为平稳的状态，目前仍然难以预料。面对仍然存在诸多不确定因素的未来国际航运市场，国内航运业需要提升自身行业素质和灵活度，提高应对各种变化态势与突发状况的能力，改变传统运营模式，迅速调整物流结构，利用大数据等技术手段，将进、出口码头与仓库、堆场高效联结，精简作业环节，加速空箱流转。需要大力推进航运数字化转型，利用好各类信息平台整合船公司、货代、货主等方数据，做到信息不“堵塞”，在国际物流不畅的大背景下实现国内循环顺畅。需要建设并推行、整合“单一窗口”，使之成为覆盖全国航运业务的上午数字化应用场景，在高需求、高度紧张的航运现状中做到通关效率高、购付汇业务线上交易、申报作业实时完成。总而言之，在这一段未来走势不明、持续时长难以预测的特殊时期，面对新的要求和挑战，国内航运业需要理智对待，既能够把握好机遇，获得最大收益，又需要合理安排调度，从容应对可能出现的各种变化。

三、上海环境

(一)建设“五个中心”

上海作为中国近代以来的全国领先的国际化大都市，其城市总体发展规划由来已久。如果从“1946年大上海都市计划”算起，至今已有六轮城市总体规划先后出台，新中国成立以来也已有三轮。其中最新一版的《上海市城市总体规划(2017—2035)》提出了对上海城市发展的新定位，即“五个中心”。“五个中心”的目标当中，四个是原本就已经提出过的建设目标，包括国际经济中心、金融中心、贸易中心、航运中心，并且在此基础上增加了“科技创新中心”的城市新定位，旨在将上海建设成为卓越的全球城市、社会主义现代化国际大都市。该规划所确立的中长期目标和时间节点是到2020年建成具有全球影响力的科技创新中心基本框架，基本建成国际经济、金融、贸易、航运中心和社会主义现代化国际大都市；2035年基本建成、2050年全面建成卓越的全球城市，令人向往的创新之城、人文之城、生态之城，具有世界影响力的社会主义现代化国际大都市。这其中，建设“五个中心”是实现城市发展长远愿景的第一步。2020年是以上规划的实施成果经受检验的第一年，上海“五个中心”建设取得巨大成效，在规划实施的2017—2020年间，上海城市能级有了明显的提升。

经济中心基本建成，在全球城市中经济实力一直位居前列。2021年上海社会消费品零售总额达到1.8亿元，比2017年提高了50%以上。“首店经济”在全国率先发展，2021年上海举办了超过3 000个国际或国内品牌的新品首发、首秀、首展活动，引进国内外各类品牌首店1 078家，比2017年增长近4倍，五年累计3 788家。截至2022年5月底，上海设立的跨国公司总部已累积到848家，比2017年增加了223家；设立的外资研发中心达512家，比2017年增加了86家。

金融中心基本建成，全球金融中心指数上升至世界第三位，证券市场筹资额也进入世界前三的行列。上海已成为全球金融要素市场集聚规模最大的城市之一，股票、债券、期货等各类全国性金融要素市场已有14家，银行、基金、保险、信托、资管等国际国内各类型金融机构6 000多家，其中外资结构占比为30%左右，持牌金融机构的规模比2017年翻了两番。金融市场年成交额已突破2 500万亿元，比2017年增加超过七成。上海现货黄金交易量近14年来均为世界首位，多个期货品种交易量也达全球最高，原油期货已进入全球第三大市场。

贸易中心基本建成，现货黄金交易量、原油期货市场规模等均列世界前三，口岸贸易额一直领先全球其他城市居于首位。

航运中心基本建成，新华·波罗的海国际航运中心发展指数排名达到世界第三，仅次于新加坡和伦敦，集装箱吞吐量连续11年保持世界第一的位置，而机场航空货、邮吞吐量也保持了世界第三的排名，旅客吞吐量则在世界第四的基础上实现了位次提升。

科技创新中心基本形成框架，全球影响力逐步提升，建成一批国家重大科技基础设施、研发与转化功能型平台等。上海力争到2025年使“五个中心”建设迈向新台阶，打造“升级版”的“五个中心”，并已在《上海市国民经济和社会发展第十四个五年规划和二〇三五年远景目标纲要》（简称上海市“十四五”规划）中提出上海以巩固和提升经济综合实力、要素资源配置能力、市场主体竞争力为途径，提高对资金、数据、技术、人才、货物等要素配置的全球影响力，加快建设能级更高的国际经济、金融、贸易、航运中心，并进一步提高科技创新对贸易的驱动作用，在数字贸易、数字经济等领域加强资源配置功能。其中，国际航运中心的进一步发展在“五个中心”的建设中居于关键地位。上海需要保持全球领先的国际航运中心地位并不断发展，不仅要在保持集装箱吞吐量全球领先地位、继续提高水水联运和海铁联运比例、提高航空旅客与货邮年吞吐量等方面持续发力，更要使国际航运中心的发展能够成为经济中心发展的助燃剂，为金融中心发展拓宽渠道，更为贸易中心的发展提供重要载体。以上方面均体现出航运业对于上海“五个中心”建设的重要意义，而临港自贸试验区的设立是上海巩固国际航运中心地位的重要举措，对于进一步扩大“五个中心”建设成果无疑都将起到核心助推力作用。

（二）打造“四大品牌”

2018年4月，上海提出全力打响上海服务、上海制造、上海购物、上海文化“四大品牌”，作为更好地落实和服务国家战略的重要举措，并以此增强城市核心功能和服务能级，增强服务长三角、服务长江流域、服务全国、服务“一带一路”和服务全球的能力，增强上海参与全球合作与竞争能力。上海作为国际航运中心，港航业在打造“四大品牌”，尤其在打造“上海服务”和

“上海制造”品牌中占有重要地位。

在打造“上海服务”品牌方面，上海市政府颁布的《全力打响“上海服务”品牌加快构筑新时代上海发展战略优势三年行动计划（2018—2020）》明确了打响“上海服务”品牌的十三个专项行动，其中，提升航运服务能级专项行动的重点是建设一批现代航运设施标杆工程、打造一批现代航运服务示范项目、打造一批区域航运协同发展的重要载体，以上都是航运业对打造“上海服务”品牌的重要贡献。

在打造“上海制造”品牌方面，上海市政府发布的《全力打响“上海制造”品牌加快迈向全球卓越制造基地三年行动计划（2018—2020 年）》提出，上海将充分利用特大型城市的“两个战略空间”——中心城区和郊区，发展高新技术和先进制造业，保持制造业合理比重规模。船舶制造、飞机制造、海工装备制造等必将成为打造“上海制造”品牌的重要组成部分。2021 年，上海印发新一轮三年行动计划《全力打响“上海服务”“上海制造”“上海购物”“上海文化”四大品牌三年行动计划（2021—2023 年）》，要使上海的“四大品牌”打得更响、传得更远、影响更广。升级后的“四大品牌”，均与临港新片区密不可分。打造“上海服务”品牌需要全面提升上海的核心竞争力，聚焦 13 个专项行动的 56 项任务，其中提升金融服务能级、贸易服务能级、航运服务能级等均可以依托临港新片区来大力开展，体现建设“五个新城”的要求中也包括临港新片区所在的南汇新城镇。打造“上海制造”品牌旨在打造世界级新兴产业发展策源地，打造联动长三角、服务全国、辐射全球的高端制造业增长极，打造具有国际影响力的制造品牌汇聚地，而临港新片区的地理、政策、产业、人才等优势正适合吸引高端制造业落户并实现“品牌更响亮、技术更先进、制造更智能、质量更优良、产品更高端”的卓越发展。打造“上海购物”品牌需要加快建设国际消费中心城市，开展 8 个专项行动，聚焦于发展首发经济、培育本土品牌、发展夜间经济、推进商业数字化转型等策略，临港新片区日益集聚的人气，蓬勃发展的商业圈，海昌公园、滴水湖、上海天文馆等旅游景点，以及依托洋山综合保税区的地理位置优势十分适合打造上海东部新的消费地标，将为“上海购物”品牌打得更响、辐射更广以及建成具有全球影响力、吸引力和竞争力的国际消费中心城市带来巨大机遇。打造“上海文化”品牌，需要提升上海城市软实力，以“高质量文化发展、高品质文化生活、高水平文化供给、高效能文化治理”为导向，形成文化品牌建设任务体系，而临港新片区毗邻东海，区内拥有中国航海博物馆、南汇嘴观海公园等文化景点，将在弘扬海洋文化、港口文化等方面发挥基地作用。

（三）强化“四大功能”

2019 年 11 月，习近平总书记来沪考察时提出了上海应当强化“四大功能”（全球资源配置功能、科技创新策源功能、高端产业引领功能和开放枢纽门户功能），作为提高城市竞争力和影响力的重要途径，“四大功能”一经提出即对上海的城市发展起到了引航作用。尽管遭遇 COVID-19 疫情，上海仍在 2020 年全球金融中心指数、新华・波罗的海国际航运中心发展指数中均排名第三，在《世界城市名册 2020》中位列全球第五，通过“沪港通”“沪伦通”，黄金国际板、国债期货，跨境 ETF 业务，“上海金”“上海油”等定价，成为全球人民币产品交易和定价中心，在全球资源配置方面正发挥着不可替代的功能。上海所举办的“世界顶尖科学家论坛”，建成和在建的国家重大科技基础设施、高水平研究机构，应对疫情的应急科技攻关成果，都体现了科技创新策源功能的持续提升。以集成电路、生物医药、人工智能为主要增长引擎的上海工业战略性新兴产业蓬勃发展，生产技术国内乃至世界领先，创新成果源源不断地涌现，创造产值屡攀新高，集中体现了高端产业引领功能。打造跨国企业总部聚集地，吸引全球商业巨头，推动产业发展与现代服务业深度融合，建设“新经济空间”，引领跨国企业、外资研发中心落沪扎根，是开放枢纽门户功能的集中体现。强化“四大功能”也对上海国际航运中心建设提出了新的发展目标。依托临港新片区建设上海国际航运中心与强化“四大功能”密切相关。上海海空枢纽建设，特别是依托临港新片区打造开放创新的门户枢纽，是强化上海开放枢纽门户功能的重要载体；依托新片区形成政策“洼地”，吸引航运相关服务业落户上海，实现航运产业高端化，提升航运产业链附加值，是强化高端产业引领功能的重要部分；通过沿海捎带、国际中转集拼、启运港退税等新型业务形态吸引更多进出口和国际中转货源，进而推动货物、资金、人力、技术等资源的跨境流动，统筹在岸业务和离岸业务，支持更多企业“引进来”和“走出去”，实现上海全球航运资源配置能力的提升，也是强化上海全球资源配置能力的重要驱动；航运业实现绿色环保和信息化、数字化所必需的先进技术，将带动能源、信息、制造等领域的创新研发，因此航运智能化和智慧化是强化上海科技创新策源功能的重要支撑。

（四）构建“四个格局”

上海“十四五”规划中提出，要打造成为国内大循环的中心节点和国际双循环的战略链接。要实现这一新发展格局，打造“强节点”“强链接”，必须依托“四个格局”所构建的总体布局战略。这其中都与国际航运中心的建设密不可分。构建形成长三角一体化发展格局，需要上海发挥龙头作用，通过引领区域交通一体化做好对内开放、对外开放两大任务，在打造长三角港口群等方面深化区域合作，使区域航运发展紧扣“一体化”和“高质量”两大关键要素。加快构建“中心辐射、两翼齐飞、新城发力、南北转型”的空间新格局，包括充分发挥上海东翼自贸试验区、临港新片区的开发枢纽作用，将南汇新城打造成港城融合、功能完备的综合性节点城市，为上海未来的发展构筑新的战略支点。加快完善经济发展格局所要求大力发展的“五型经济”代表上海都市经济的发展方向，其中包括的创新型经济、服务型经济、总部型经济、开放型经济、流量型经济，都与航运领域息息相关，要求将航运业打造成为上海经济的长板和优势所在。加快打造城乡融合发展格局，要求利用临港新片区，拉动郊区、乡村的现代化，进而实现上海整个城市的全面现代化。利用好临港新片区及其周边资源，促进人才、资金等要素跨城乡区域双向流动，能够有效振兴乡村经济，推动城乡全面融合、共同繁荣。

第二节　上海国际航运中心与临港新片区联动发展面临的新需求

国际智慧航运、绿色航运的发展呼唤新技术、新突破。疫情的持续影响给总体经济和航运市场走势带来不确定因素，同时国内各项政策对航运业提供了保障和支持，上海城市发展的全新局面也对航运业提出了更高要求。在这些新形势下，上海国际航运中心建设与临港新片区联动面临如下新需求：

一、制度完善与突破

航运制度的建设和完善是新加坡、中国香港等国际重要航运中心取得成功的重要路径，通过制定优惠的船舶登记制度和税收制度，吸引国际航运船舶带动航运要素聚集，从而实现现代高端航运服务业的全面升级。面临与临港新片区联动的新形势、新机遇，在航运制度建设方面，要求上海国际航运中心充分利用新片区的政策优惠和制度创新环境，以促进新型国际贸易发展、提高国际市场竞争力为目标，继续大力推进航运政策创新与优化，探索和试验高度开放型的航运制度体系。

一是需要在新片区完善配套制度和监管流程，并且推进现有政策的实施落地。例如，以 2019 年《中国（上海）自由贸易试验区临港新片区总体方案》《关于促进中国（上海）自由贸易试验区临港新片区高质量发展实施特殊支持政策的若干意见》《中国（上海）自由贸易试验区临港新片区支持金融业创新发展的若干措施》等文件为代表，新片区现有各项制度和政策对国际船舶登记、启运港退税、沿海捎带、国际中转集拼等已经提供了促进措施，对开展以上各项业务的企业给予一定形式的补贴和奖励。但新片区运行迄今为止，此类政策的具体实施办法尚不够明确，各部门、各监管环节以及与其他地域之间缺少衔接整合，各项制度之间也尚未形成创新集成效应。因此需要进一步对新片区现有政策如何真正落地发挥其功能加强探索，提升实施效果。

二是需要在新片区已有制度基础上加大改革力度，实现新突破。例如在新片区试行以下制度：进一步完善国际船舶登记制度，对外资船舶的开放力度可以进一步增强，对临港新片区国际船舶登记给予更多补贴和优惠；加快发展航运运价指数衍生品业务，完善监管制度，防范航运金融风险，加强远期运价监管，以航运衍生品交易对冲价格波动，利用政策优势助力上海航运中心在国际航运相关市场上获得更多的话语权和定价权；继续优化口岸监管模式，充分利用信息智能技术提高航运服务质量和效率，以不同业务领域“对等开放”的模式开展新型沿海捎带；将不同海关监管模式和区域在新片区实现物理上的叠加和手续上的衔接整合，探索取消账册，推动国际中转集拼业务的开展等。以更大的政策力度推进临港新片区对上海国际航运中心建设的助推作用。

三是需要基于上海航运中心发展前景探索新片区在政策和制度上进一步创新的空间。需要对标或借鉴国外已有经验和举措，例如新加坡将自身定位为自由贸易港，只对极少的进口商品收取进口税，出口商品一律免税，并且和多个国家签订了自由贸易协定，形成了亚洲最为广泛的自由贸易协定网络；又如香港实施的简单低税制、开放的资本账户、完善的航运相关法律体系等。这些都是可供新片区借鉴的先例。应当借助临港新片区制度优势，积极探索、大胆尝试，充当改革先锋，在航运税收、跨境航运金融和口岸通关等领域进一步先行先试，使临港新片区成为政策制度创新的桥头堡和试验田。

二、功能提升与拓展

面对国内外环境的变化和国际航运中心建设的实际，上海国际航运中心的功能提升与拓展也面临新要求。与伦敦、新加坡等全球重要航运中心相比，上海国际航运中心的主要差距还在于国际化程度不够高，对全球资源的配置能力不够强，在国内区域发展、产业升级等方面仍需拓展引领功能。这也需要充分利用临港新片区这一新的机遇，从以下方面进行突破：

一是需要依托新片区提升开放枢纽门户和内外联通功能，将新片区作为上海进行高水平对外开放的桥头堡。对外继续参与“一带一路”倡议，加强海外交通线路开辟和基础建设，通过积极融入国际市场大循环，促进国内国外双循环协同发展，助力上海开放型大都市圈承担起参与对外开放和国际竞争、形成内外体系链接、促进区域协同发展的重要战略职能，立足临港新片区着力“强节点”“强链接”，使上海成为国内大循环的中心节点、利用两个市场、两种资源的战略链接。同时，对内也要发挥新片区的带动作用，加强集疏运体系的完善，使新片区内各海港与内河港口、空港、铁路等高效联动，并与国际重要物流节点和外贸、中转业务对接，将新片区打造成为在岸和离岸航运业务枢纽。

二是需要利用新片区增强引领长三角航运一体化的功能，利用临港新片区为上海航运中心注入的新活力。充分发挥上海在“一体两翼”中的龙头作用，依托共同融合的江南地域文化，促进政府、机构、企业间的协同合作，强化长三角地区交通运输政策法规协同，主导治理制度合作创新和相互对接，构建融合开放的市场化管理体系，协调长三角区域内航空、港口等资源的分工和整合，主导长三角世界级港口群的建设和更高质量的协同发展，实践区域环境共保共治，形成绿色港口集群，全面提升区域内多式联运水平，加强集疏运体系的建设，推进一体化交通管理，加强交通运输数据资源开放共用，推进公共信息平台共享互通，形成交通科技创新体系，带动长三角航运新一轮发展。

三是需要通过新片区积极发挥全球资源配置功能。通过新片区政策上的优惠和新型业务形态的拓展，使上海国际航运中心成为全球航运资金、货物、技术、人才、信息数据等要素高频流动、高效配置、高能增值，成为要素资源的聚集地和流动枢纽。通过新片区引领经济综合实力的巩固和提升，增强市场主体竞争力，提升国际影响力，吸引更多具有全球影响力和高能级的国内外企业总部集聚新片区。

四是需要立足新片区进一步实现航运相关产业拓展功能。对标伦敦航运中心的发展模式，利用新片区的政策和制度优势，向上下游吸引航运相关服务产业入驻上海，发展航运金融、保险、法律、仲裁、咨询、教育等航运相关服务行业，特别是吸引高附加值的产业要素，增强集聚能力，提升跨境服务管理能力，打造具有品牌优势的高端服务型航运经济。助力临港新片区形成便利化、自由化的开放型、服务型经济环境，带动上海国际航运中心形成完整的航运服务产业链，并融入全球高端产业链、价值链。

五是需要大力推动新片区与城市之间的港城联动功能，借助临港新片区带来的新优势、新动力，以港航业的发展带动城市金融、贸易、科技、交通等产业全面升级，优化城市资源配置，提升城市能级，使上海这座超大型中心城市找到新的增长点和突破口，更好地融入和服务发展新格局。同时通过吸引信息流、资金流、人才流等资源的聚集，在周边的城市区域实现规模经济发展，并将其打造成为上海港口及新片区运营和发展的重要物质基础。

三、产业优化与升级

日新月异的国内外环境和航运产业总体的发展变革，对上海航运产业发展提出了优化升级的要求。在产业结构调整方面，需要充分利用临港新片区所提供的产业创新发展机遇，使产业链在基础航运业务为主的传统模式基础上，逐渐拓展业务形态，进一步吸引高附加值的航运产业要素，使上海国际航运中心的总体业态结构向高端价值板块倾斜。在政策制定与调整方面，需要充分发挥新片区先行先试的政策优势，通过调低准入门槛、简化行政手续、调整税收补贴等手段，吸引高端航运服务业集聚上海。需要在临港新片区加大扶持力度、降低企业成本，依托蓬勃发展的滴水湖金融湾，推动离岸金融贸易，支持船舶管理、融资租赁等行业聚集发展，提高航运产业各要素的附加值，形成人才、资金、技术流入的“洼地”，创造“引进来”的政策优势。在业务形态创新方面，需要通过在新片区大力发展沿海捎带、国际中转集拼等业务形态，吸引相关的集装箱租赁与托管、空港联运、航运保险、离岸金融、航运法律等高附加值产业集聚新片区。从而利用临港新片区、新机遇推动人才、资金、技术等资源的跨境流动，提升上海的全球资源配置能力，并将上海航运中心建设成为“上海服务”的品牌代表。在2020年已基本建成国际航运中心的起点上，追求产业进一步优化升级，以航运中心带动经济中心、贸易中心、金融中心的建设发展。

四、技术改革与创新

在科技革新和研发方面，上海国际航运中心需要利用临港新片区对人才、科技、资金等的吸引力，将之打造成航运创新基地，积极探索大数据、云计算、物联网、人工智能、清洁能源等前沿技术在航运业的应用，参与“上海制造”品牌建设，将上海打造为国际领先水平的航运科创产业基地。

一方面利用新技术加快航运数字化转型。航运数字化趋势要求上海航运中心加入数字航运的浪潮，上海国际航运研究中心2015年发布的独立报告《2030中国航运发展展望报告》也预测了中国港航业未来数字化、信息化发展的三个方面：船舶信息化、口岸信息化、海事信息化。新的形势要求上海航运中心依托临港新片区在以下方面着力进行技术革新。

一是需要将新片区内各港口、码头打造成为智慧型港口码头，并开发建设港口水域交通管理系统，加强面向港航业的新型基础设施建设。首先，智慧港口是下一代枢纽港口的必然趋势，是发展智慧物流、智慧城市的需求。

新片区需要将信息技术、智能技术与港口业务深度融合，并拓展到港口供应链上下游各个环节与领域，提升港口信息服务与协同创新能力，从而帮助港口提高竞争力，体现在为靠港船舶提供高效服务，缩短船舶在港时间，帮助航运公司降低成本等方面。而航运公司也倾向于与长期稳定高效的港口合作，进而帮助新片区港口建立更高效的航线网络。因而港口的数字化转型不仅能够提升新片区竞争力，也能够帮助航运中心保持全球海事中心地位。其次，数字化、智慧化是新片区打造设新型区域枢纽港的必要条件，也是上海航运中心考虑应对海事战略，应对地缘政治、人口结构、科技变革、气候变化等驱动力带来的挑战和机遇的必然要求。迎接智能化、自动化船舶的新考验，在数字化枢纽港的基础上继续发展配套产业与现代航运服务业，才能够维持发展的可持续性。最后，在新片区开展以数字化为基础的绿色、生态技术和港口社区平台建设，能够促进新片区与城市、港口与腹地的协同发展，促使相应的人才和产业需求快速增长，为双方吸引人才、资金、技术、贸易等要素的流动，使高端航运产业落户新片区以及上海市区，达成港口和城市的双赢局面。

二是需要新片区管理部门与行业组织、企业联合开发数字化港口社区平台，实现航运业务电子化全覆盖。未来，上海航运中心应当进一步加强港口内部的数字联结，将新片区的港口社区平台建设成为覆盖全上海的智慧港口系统的重要组成部分。成熟的港口信息化平台应当是对内的经营管理信息系统，也是对外的电子数据互换(EDI)系统，能够实现无纸化办公，以及半/全自动作业，达成信息系统与港口机械化的结合。临港新片区需要着力吸引先进技术和人才，在对现有的“一体化平台”进行功能和应用范围拓展的基础上，进一步利用数字技术将航运产业链中各参与方联结起来，实现信息数据共享基础上的产业链一体化，共享关键数据，提高港口运作效率，进而带动整个产业链的数字化转型。

另一方面需要利用新技术加快航运低碳化转型。建设绿色航运的国际共识和不断提高的国际绿色航运标准，也要求上海航运中心加速开发和利用新技术，在发展航运业的同时提升航运业的环境友好度，利用临港新片区实践建设绿色港口、绿色港城的理念。例如：需要在新片区各港口积极推广岸电系统的应用，推动岸电系统更新升级，加强可靠性和稳定性，进一步降低成本，使上海港的岸电系统在全覆盖的基础上实现使用率的跨越式提升，从而大幅改善新片区港区环境状况；需要在新片区发展清洁能源自主研发、生产和加注能力，以现有舟山 LNG 接收站等为基础，带动长三角区域进一步建设 LNG 自助加注设施，并结合航运数字化成果，实现网络加注预约业务平台化、规模化；需要加紧新片区研发机构在船载脱硫装置、压载水处理系统、水下噪声控制措施等方面的设计开发，抢占国际科技前沿的制高点，占据世界绿色航运发展的领先地位；需要在新片区港口相关区域布局二氧化碳排放监测网络，在洋山港四期码头的基础上进一步推进自动化码头改造，并对港区作业各环节进行能源结构改造，在港区经营各方面开展节能计划，打造绿色港口、零排放港口，同时在港口及附近区域研发碳补集、碳封存技术。

第二章 临港新片区在上海国际航运中心建设中的地位与作用

第一节 临港新片区航运发展现状

2019年8月,国务院印发的《中国(上海)自由贸易试验区临港新片区总体方案》(以下简称《临港新片区总体方案》)中指出,在上海大治河以南、金汇港以东以及小洋山岛、浦东国际机场南侧区域设置中国(上海)自由贸易试验区临港新片区。按照"整体规划、分步实施"原则,先行启动南汇新城、临港装备产业区、小洋山岛、浦东机场南侧等区域,面积为119.5平方公里。根据《临港新片区总体方案》,到2025年,临港新片区建立比较成熟的投资贸易自由化便利化制度体系,打造一批更高开放度的功能型平台,集聚一批世界一流企业,区域创造力和竞争力显著增强,经济实力和经济总量大幅跃升。到2035年,建成具有较强国际市场影响力和竞争力的特殊经济功能区,形成更加成熟定型的制度成果,打造全球高端资源要素配置的核心功能,成为我国深度融入经济全球化的重要载体。

按照《临港新片区总体方案》,在临港新片区内将实施高标准的贸易自由化,以洋山港区为依托,设立物理围网区域,建立洋山特殊综合保税区,作为对标国际公认、竞争力最强自由贸易园区的重要载体。洋山港区的海关监管体系将进一步升级,实施在保证安全的前提下,将采用更为自由的监管模式。在此模式下,临港新片区要求在沿海捎带、国际船舶登记、启运港退税和多式联运等领域进一步提升效率,这将促进上海国际航运中心高质量发展。

一、港航业在迅速发展中不断提升服务能级

(一)港口集装箱吞吐量

洋山深水港背靠长三角、辐射全中国,地理位置十分优越,航线稳定在70余条,覆盖6大洲、3大洋。2019年新增美东、欧洲等多条航线,密集的远洋航线拉近了中国与世界的距离。全年出入境(港)船舶9 100多艘次,同比增加3.65%。在增加航线的同时,为适应市场和形势需要,各大航运公司纷纷增加运力,近两年,50多艘超20 000标箱的集装箱新船陆续投入运营。2019年7月20日,当今世界最大的集装箱轮、23 000标箱级的地中海古尔松轮靠泊洋山港,洋山港成为亚洲为数不多的能够靠泊这一级别船舶的港口。更大的集装箱船舶、更为密集的航线催生了巨大的吞吐量。

2019年,上海洋山港集装箱吞吐量1 980.8万标箱,同比增长7.59%,在上海港占比达45.7%,攀升至新高。洋山港四期全自动化码头经过两年多磨合,单月吞吐量最高达34.8万标箱,全年完成吞吐量320多万标箱,同比增长62.6%。2019年,洋山港国际航行船舶平均靠港时间不到24小时,是国内效率最高的港口之一。

(二)港口枢纽功能

2019年上海港集装箱水水中转比例达48.3%,洋山港完成水水中转超1 000万标箱,同比增长超9.5%。洋山港也是长三角能源的补给站,2019年,天然气码头靠泊船舶66艘次,同比增长24.5%,总卸货382万吨,同比增长20.5%,供气量占上海50%以上。据预测,2020年有望再度大幅提升。同时,洋山港为浙江提供天然气接转服务,与江苏建立天然气应急互保机制,成为长三角互联互通的重要组成部分。

(三)国际中转业务

2013年,国务院出台的《中国(上海)自由贸易试验区总体方案》(以下简称《上海自贸区总体方案》)明确提出,上海自贸区洋山深水港区发展国际集装箱物流中转集拼业务,以发挥上海港作为国际枢纽港的重要作用,提升上海国际航运中心国际航运服务能级。洋山港区承担了上海港的国际集装箱中转功能。2015—2019年上海港集装箱国际中转比例见表2-1。

表 2-1 2015—2019 年上海港集装箱国际中转比例

年份	2015	2016	2017	2018	2019
国际中转比例	6.9%	7.2%	7.7%	8.8%	10.8%

资料来源:上海国际港务(集团)股份有限公司各年可持续发展报告

(四)口岸营商环境

洋山边检站深入贯彻落实国家移民管理局“放管服”改革精神,2019 年以来,相继推出“马上办、网上办、预约办、靠前办、接力办、协同办、限时办、一次办”等工作举措,为口岸赢得了效率,为企业争得了效益,进一步优化了营商环境,提升了口岸综合竞争力。

二、航空业在持续发展中不断提升枢纽地位

(一)浦东国际机场货邮吞吐量

浦东国际机场货邮吞吐量保持增长态势,2015—2019 年货邮吞吐量如表 2-2 所示。2015—2019 年增长态势中又有小幅回落,见图 2-1。

表 2-2 2015—2019 年浦东国际机场货邮吞吐量

年份	2015	2016	2017	2018	2019
货邮吞吐量(万吨)	327.5	344	382.4	376.9	363.4

资料来源:中国民用航空华东地区管理局网站

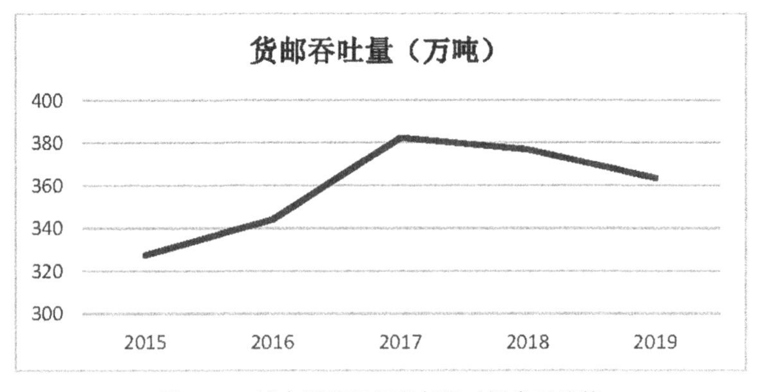

图 2-1 浦东国际机场货邮吞吐量发展趋势

(二)浦东机场中转集拼

2013 年,《上海自贸区总体方案》提出,支持浦东机场增加国际中转货运航班。浦东机场于 2013 年 11 月启动中转集拼业务试点,由 DHL 作为试点承运企业。在货运业务流程上,DHL 采用全新的流水线和运作流程。针对已有检验检疫对已进国境、未进关境的过境货物程序严格、耗时很长的制约因素,浦东机场、海关、DHL 公司依托上海自贸试验区制度创新的有利条件,在国家相关部门大力支持与鼓励下,专门为中转集拼开发了"第五类"系统,通过创新通关系统,为中转集拼业务打破制度障碍。

截至目前,浦东机场中转集拼业务仍处于试点阶段,试点的航线也仅有两条,每天的业务量约为 15 吨,在货邮吞吐量中的占比仍较小,与孟菲斯机场等国际成熟航空快件枢纽 50%左右的中转集拼货运占比有很大差距。浦东机场中转集拼业务及其他货运中转业务未取得有效突破,制约了机场货运量进一步增长,也在一定程度上影响了浦东机场国际枢纽地位的进一步提升。

三、航运制度在试点运行中不断实现突破创新

(一)启运港退税政策

启运港退税政策,是指将企业由原先的离境向海关报关后由税务机关办理出口退税,提前为从启运港出发即可申请出口退税。2012 年 8 月,国家明确对从青岛、武汉启运报关出口,并经上海洋山保税港区离境的符合条件的集装箱货物,试行启运港退税政策。

2013 年 9 月,交通运输部、上海市人民政府出台的"关于落实《中国(上海)自由贸易试验区总体方案》加快推进上海国际航运中心建设的实施意见"(交水发[2013]584 号)提出:"完善启运港退税试点政策,适时研究扩大启运地、承运企业和运输工具等试点范围。"2014 年 7 月财政部、海关总署、国家税务总局联合下发了《关于扩大启运港退税政策试点范围的通知》(财税〔2014〕53 号),扩大了启运港退税政策的试点,将适用启运港退税政策的启运口岸扩大到南京市龙潭港等 8 个口岸,几乎包含了长江黄金水道中上游的主流港口。

2018 年 1 月,财政部、海关总署、税务总局联合印发《关于完善启运港退

税政策的通知》(财税〔2018〕5 号),将适用启运港退税政策的启运港口岸进一步扩大至 13 个启运港,离境港由原上海市洋山保税港区扩大至上海市外高桥港区,并突破直航限制,增设沿途经停港。目前,长江流域沿线主要港口已全面实施启运港退税政策。

2019 年 8 月,国务院印发的《临港新片区总体方案》指出,“进一步完善启运港退税相关政策,优化监管流程”。在上海自由贸易试验区启运港退税政策的基础上,临港新片区在启运港退税政策上将实行更加便利高效的监管和服务。

表 2-3　临港新片区启运港退税政策

退税政策	中国(上海)自由贸易试验区	中国(上海)自由贸易试验区临港新片区
启运港	13 个	13 个
离境港	洋山港区和外高桥港区	洋山港区和外高桥港区
开放措施	完善启运港退税试点政策,适时研究扩大启运地、承运企业和运输工具等试点范围	进一步完善启运港退税相关政策,对符合条件的出口企业经洋山港离境的集装箱货物,实行更加便利高效的监管和服务

(二)沿海捎带政策

2013 年,国务院批准的《上海自贸区总体方案》提出,“推动中转集拼业务发展,允许中资航运公司利用自有或控股拥有的非五星旗国际航行船舶,先行先试外贸进出口集装箱在国内开放港口和上海港之间的捎带业务”。

在上海自由贸易试验区开放措施的基础上,《临港新片区总体方案》提出了在对等原则下允许外籍国际航行船舶开展以洋山港为国际中转港的外贸集装箱沿海捎带业务(见表 2-4)。

2020 年 5 月,《关于促进洋山特殊综合保税区开放与创新发展的若干意见》(以下简称《特保区发展意见》)提出了奖励政策,洋山特殊综合保税区内企业开展以洋山港为国际中转港的外贸集装箱沿海捎带业务的,根据集装箱吞吐量还将给予支持。

表 2-4　临港新片区的沿海捎带政策

	中国(上海)自由贸易试验区	中国(上海)自由贸易试验区临港新片区
开放措施	允许中资航运公司利用自有或控股拥有的非五星旗国际航行船舶,先行先试外贸进出口集装箱在国内开放港口和上海港之间的捎带业务	扩大中资方便旗船沿海捎带政策实施效果,在对等原则下允许外籍国际航行船舶开展以洋山港为国际中转港的外贸集装箱沿海捎带业务
奖励政策		对区内企业开展以洋山港为国际中转港的外贸集装箱沿海捎带业务的,根据集装箱吞吐量给予支持

(三)国际中转集拼政策

亚洲地区国际中转集拼业务发展较快的主要是釜山、香港和新加坡等国际集装箱枢纽港。2013 年国务院批准的《上海自贸区总体方案》提出,“推动中转集拼业务发展,允许中资公司拥有或控股拥有的非五星旗船,先行先试外贸进出口集装箱在国内沿海港口和上海港之间的沿海捎带业务”。

2019 年 8 月,《临港新片区总体方案》提出了“提高口岸监管服务效率,增强国际中转集拼枢纽功能”。

2020 年 5 月,《特保区发展意见》进一步明确了国际中转集拼奖励政策:对从事国际中转集拼业务的企业,按照其在区内集拼业务箱量,每年给予最高不超过 200 万元的奖励。对从事集装箱、航空货物等国际中转业务的企业,按照其规模及贡献度等,每年给予最高不超过 1 000 万元的支持。对搭建国际中转集拼服务中心等功能性市场或专业贸易平台,经管委会认定,根据实际运行绩效评估,给予最高不超过 200 万元的一次性支持。

表 2-5 临港新片区的国际中转集拼政策

	中国(上海)自由贸易试验区	中国(上海)自由贸易试验区临港新片区
开放措施	推动中转集拼业务发展,允许中资公司拥有或控股拥有的非五星旗船,先行先试外贸进出口集装箱在国内沿海港口和上海港之间的沿海捎带业务	提高口岸监管服务效率,增强国际中转集拼枢纽功能
奖励政策		对从事国际中转集拼业务的企业,按照其在区内集拼业务箱量,每年给予最高不超过 200 万元的奖励;对搭建国际中转集拼服务中心等功能性市场或专业贸易平台,经管委会认定,根据实际运行绩效评估,给予最高不超过 200 万元的一次性支持

(四)海关监管政策

2013 年,国务院批准的《上海自贸区总体方案》提出,创新监管服务模式。推进实施"一线放开":允许企业凭进口舱单将货物直接入区,再凭进境货物备案清单向主管海关办理申报手续,探索简化进出境备案清单,简化国际中转、集拼和分拨等业务进出境手续;实行"进境检疫,适当放宽进出口检验"模式,创新监管技术和方法。坚决实施"二线安全高效管住"。优化卡口管理,加强电子信息联网,通过进出境清单比对、账册管理、卡口实货核注、风险分析等加强监管,促进二线监管模式与一线监管模式相衔接,推行"方便进出,严密防范质量安全风险"的检验检疫监管模式。

2019 年 8 月,《临港新片区总体方案》提出了"在新片区内设立物理围网区域,建立洋山特殊综合保税区,作为对标国际公认、竞争力最强自由贸易园区的重要载体,在全面实施综合保税区政策的基础上,取消不必要的贸易监管、许可和程序要求,实施更高水平的贸易自由化便利化政策和制度"。

2020 年 5 月,《特保区发展意见》进一步提出了境内关外的投资贸易服务自由化便利化监管制度:①"一线"充分放开。除法律法规要求必须进行申报的外，"一线"对于不涉证、不涉检的货物，采用径行放行，企业可以直接提货、发货；"二线"由以往区内外企业双侧申报制度改为区外企业单侧申报制度。除涉及国际公约、条约、协定或涉及安全准入管理的货物，确需在"一线"验核监管证件外，其余在"二线"验核。对依法实施检疫的货物，原则上在口岸完成，经海关批准可在区内实施检疫。对入境检验的货物，原则上在"二线"实施。②区内高度自由。海关取消账册管理，不要求区内企业单独设立海关账册，免于手册核销、单耗管理等海关常规监管，对区内企业实行企业自律管理，海关不干预企业正常经营活动。企业可依法开展中转、集拼、存储、加工、制造、交易、展示、研发、再制造、检测维修、分销和配送等业务。货物在洋山特殊综合保税区内不设存储期限。

在洋山特殊综合保税区，绝大多数货物入区，海关会径行放行，企业可直接提货、发货，不再需要申报、备案和统计。货物在洋山特殊综合保税区内不设存储期限，极大便利了企业开展国际中转集拼业务。

表 2-6　洋山特殊综合保税区的海关监管手续

中国(上海)自由贸易试验区	洋山特殊综合保税区
一线进出境备案制	一线进出境径予放行
一线口岸实施检疫	一线可在区内检疫
二线进出口报关制	二线进出口单侧申报
区内实施账册管理	区内不设账册
特殊区域统计方式	实施特殊的统计方式
区内流转双侧申报	区内自由流转
区间流转双侧申报	区间流转单侧申报

（五）国际船舶登记政策

2013 年，国务院批准的《上海自贸区总体方案》提出，充分发挥上海的区域优势，利用中资"方便旗"船税收优惠政策，促进符合条件的船舶在上海落户登记。在自贸试验区实行已在天津试点的国际船舶登记政策。简化国际船舶运输经营许可流程，形成高效率的船籍登记制度。

在上海自由贸易试验区开放措施的基础上，《临港新片区总体方案》提出在特殊经济功能区逐步放开船舶法定检验。在确保有效监管、风险可控前提下，对境内制造船舶在“中国洋山港”登记从事国际运输的，视同出口，给予出口退税。

2020年5月，《特保区发展意见》进一步提出：推动实行更加便利的“中国洋山港”国际船舶登记管理制度，进一步优化船舶登记工作流程。推动设立洋山特殊综合保税区船舶登记办事机构，提升登记服务水平。在确保有效监管、风险可控前提下，对境内制造船舶在“中国洋山港”登记从事国际运输的，视同出口，给予出口退税。探索放开区内注册企业从事国际航行或港、澳、台航线的船舶的法定检验。对符合条件在“中国洋山港”登记国际航行船舶的企业，每登记一艘船舶（重复登记的除外），按照船舶的总吨大小，每年给予最高不超过300万元的一次性奖励。

表2-7　临港新片区的国际船舶登记政策

国际船舶登记	中国（上海）自由贸易试验区	中国（上海）自由贸易试验区临港新片区
船舶检验	中国船级社	逐步放开船舶法定检验
登记机构	—	设立洋山特殊综合保税区船舶登记办事机构
税收优惠政策	对2012年12月31日前已在境外办理船舶登记手续、悬挂“方便旗”的中资船舶（2016年9月1日至2019年9月1日期间报关进口的，免征关税和进口环节增值税	境内制造船舶在“中国洋山港”登记从事国际运输的，视同出口，给予出口退税
奖励政策		对符合条件在“中国洋山港”登记国际航行船舶的企业，每登记一艘船舶（重复登记的除外），按照船舶的总吨大小，每年给予最高不超过300万元的一次性奖励

（六）高端航运服务业政策

2013年，国务院批准的《上海自贸区总体方案》提出，放宽中外合资、中外合作国际船舶运输企业的外资股比限制，由国务院交通运输主管部门制定相关管理试行办法。允许设立外商独资国际船舶管理企业。

在上海自由贸易试验区开放措施的基础上，《临港新片区总体方案》提出建设国际航运补给服务体系，提升船舶和航空用品供应、维修、备件、燃料油等综合服务能力。支持内外资企业和机构开展航运融资、航运保险、航运结算、航材租赁、船舶交易和航运仲裁等服务，探索发展航运指数衍生品业务，提升高端航运服务功能。

2020年5月，《特保区发展意见》进一步提出了发展高端航运服务业的奖励政策。对在区内新设立的从事航运保险、航运结算、船舶燃料供应、船舶代理、飞机船舶交易、航材租赁、飞行员海员培训等高端航运服务的企业，根据实缴注册资本金，给予最高不超过1 500万元的奖励，每次奖励均不超过该企业对地方的综合贡献。

支持区内企业探索开展航运金融衍生品业务，支持相关专业机构按照国家有关规定开发航运指数衍生品，探索推出标准化交易合同，开展场内集中交易模式。对相关交易主体，根据其等级规模，给予一定奖励。

支持设立航运仲裁、海事法律、航运智库等航运功能性机构。对新设立的具有重大行业影响力的国际级、国家级的航运功能性机构，根据其等级规模，给予最高不超过500万元的一次性奖励。

对经管委会认定的物流、航运等总部类企业，根据项目规模、能级和贡献度，给予一定的综合贡献奖励。

表 2－8　临港新片区的高端航运服务业发展政策

高端航运发展政策	中国(上海)自由贸易试验区	中国(上海)自由贸易试验区临港新片区
开放措施	放宽中外合资、中外合作国际船舶运输企业的外资股比限制允许设立外商独资国际船舶管理企业	建设国际航运补给服务体系,提升船舶和航空用品供应、维修、备件、燃料油等综合服务能力。支持内外资企业和机构开展航运融资、航运保险、航运结算、航材租赁、船舶交易和航运仲裁等服务,探索发展航运指数衍生品业务,提升高端航运服务功能
奖励政策	—	对在区内新设立的从事航运保险、航运结算、船舶燃料供应、船舶代理、飞机船舶交易、航材租赁、飞行员海员培训等高端航运服务的企业,根据实缴注册资本金,给予最高不超过 1 500 万元的奖励,每次奖励均不超过该企业对地方的综合贡献 支持区内企业探索开展航运金融衍生品业务,支持相关专业机构按照国家有关规定开发航运指数衍生品,探索推出标准化交易合同,开展场内集中交易模式。对相关交易主体,根据其等级规模,给予一定奖励 支持设立航运仲裁、海事法律、航运智库等航运功能性机构。对新设立的具有重大行业影响力的国际级、国家级的航运功能性机构,根据其等级规模,给予最高不超过 500 万元的一次性奖励 对经管委会认定的物流、航运等总部类企业,根据项目规模、能级和贡献度,给予一定的综合贡献奖励

（七）航空发展政策和制度

2013年，国务院批准的《上海自贸区总体方案》提出，支持浦东机场增加国际中转货运航班。

在上海自由贸易试验区开放措施的基础上，《临港新片区总体方案》提出，推动浦东国际机场与“一带一路”沿线国家和地区扩大包括第五航权在内的航权安排，吸引相关国家和地区航空公司开辟经停航线。支持浦东国际机场探索航空中转集拼业务。以洋山深水港、浦东国际机场与芦潮港铁路集装箱中心站为载体，推动海运、空运、铁路运输信息共享，提高多式联运的运行效率。支持浦东国际机场建设世界级航空枢纽，建设具有物流、分拣和监管集成功能的航空货站，打造区域性航空总部基地和航空快件国际枢纽中心。推进全面实施国际旅客及其行李通程联运。

表2-9　临港新片区的航空发展政策

航空发展政策	中国（上海）自由贸易试验区	中国（上海）自由贸易试验区临港新片区
开放措施	支持浦东机场增加国际中转货运航班	推动浦东国际机场与“一带一路”沿线国家和地区扩大包括第五航权在内的航权安排，吸引相关国家和地区航空公司开辟经停航线。支持浦东国际机场探索航空中转集拼业务。支持浦东国际机场建设世界级航空枢纽，建设具有物流、分拣和监管集成功能的航空货站，打造区域性航空总部基地和航空快件国际枢纽中心。推进全面实施国际旅客及其行李通程联运
奖励政策	—	对从事航空货物国际中转业务的企业，按照其规模及贡献度等，每年给予最高不超过1 000万元的支持

2020年5月，《特保区发展意见》进一步提出奖励政策：支持浦东国际机

场开展航空中转集拼业务，实行更加便利的海关监管制度。推动在浦东国际机场建设具有物流、分拣和监管集成功能的航空货站，实行更加便利的航空货运监管模式。对从事航空货物国际中转业务的企业，按照其规模及贡献度等，每年给予最高不超过 1 000 万元的支持。

第二节　临港新片区航运产业对上海国际航运中心建设的贡献度分析

临港新片区的建设和发展将为上海国际航运中心建设带来新一轮机遇，以下分别从海运和空运产业的贡献度进行分析。

一、海运产业贡献度分析

（一）港口服务业

2005 年 12 月，洋山深水港一期工程建成投产。2010 年，实际吞吐量已超过 930 万标箱的设计吞吐量。2017 年 12 月，四期码头开港以来，已经成为全球单体规模最大的全自动码头，进一步提升了港口的运行能力。位于临港新片区的洋山深水港集装箱吞吐量在上海港的占比也逐年提升，2019 年占比达 45.74%，见表 2 - 10。

表 2 - 10　2017—2019 年洋山港集装箱吞吐量

年份	2017	2018	2019
集装箱吞吐量(万 TEU)	1 652.41	1 842.44	1 980.78
占上海港比例(%)	41.07	43.86	45.74

（二）港口中转业务

洋山深水港区发展国际集装箱中转业务，发挥了上海港作为国际枢纽港的重要作用，提升了上海国际航运中心国际航运服务能级。2017—2019 年上海港集装箱国际中转比例见表 2 - 11。

表 2-11　2017—2019 年上海港集装箱国际中转比例

年份	2017	2018	2019
上海港集装箱国际中转比例(%)	7.7	8.8	10.8

(三)国际运输业

近年来,停靠洋山深水港的国际航行船舶逐年增加,洋山港区口岸进出口货运量持续增长。从进出口货值来看,其在上海口岸货物进出口总额中所占比例保持增长态势,2019 年占比达到 26.12%,如表 2-12 所示。

表 2-12　2017—2019 年洋山港口岸进出口货值

年份	2017	2018	2019
进出口货值(亿元)	19 152.31	21 757.02	22 009.83
占上海口岸货物进出口总额比例(%)	24.18	25.5	26.12

二、空运产业贡献度分析

(一)机场服务业

浦东机场是华东区域第一大枢纽机场,定期航班联通全球 48 个国家的 300 个航点。上海的国际中转货运航班全在浦东国际机场。

浦东机场的航班起降架次占上海机场的比例逐年上升,2019 年达 65.2%,2015—2019 年浦东机场的航班起降见表 2-13、图 2-2。

表 2-13　2015—2019 年浦东机场航班起降架次

年份	2015	2016	2017	2018	2019
航班起降(万架次)	44.9	47.99	49.7	50.5	51.2
占上海机场比例(%)	63.6	64.7	65.3	65.4	65.2

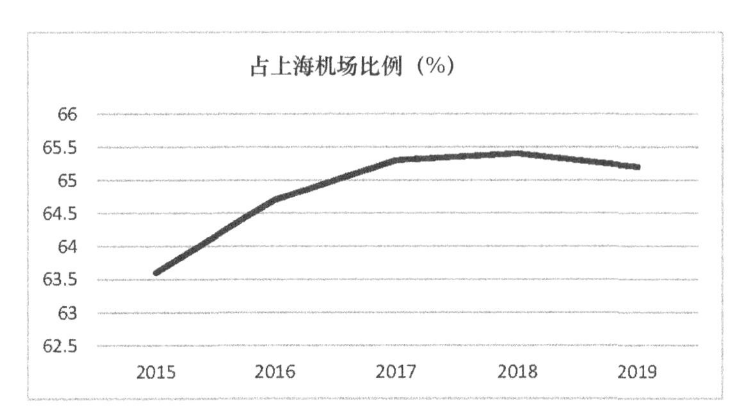

图 2-2　2015—2019 年浦东机场航班起降占上海机场比例

（二）航空货物运输业

浦东机场货邮吞吐量保持增长态势，自 2017 年以来，其货邮吞吐量及比例有所下降，仍占上海机场货邮吞吐量的 90%左右，2015—2019 年浦东机场货邮吞吐量占上海机场比例如表 2-14。

表 2-14　2015—2019 年浦东机场货邮吞吐量

年份	2015	2016	2017	2018	2019
货邮吞吐量(万吨)	327.5	344.03	382.43	376.86	363.42
占上海机场比例(%)	88.27	88.9	90.41	90.25	89.56

资料来源：中国民用航空华东地区管理局网站

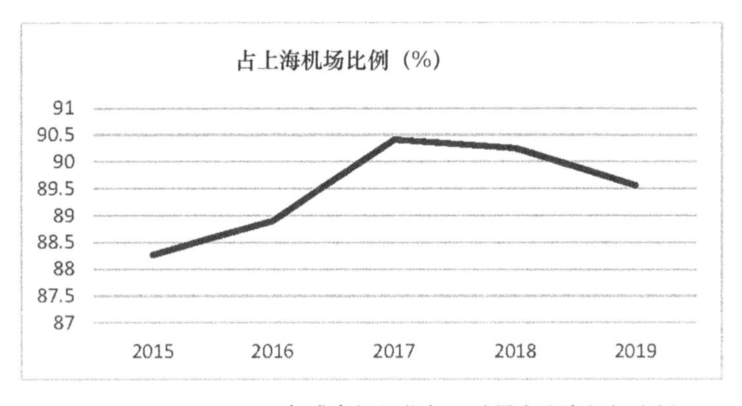

图 2-3　2015—2019 年浦东机场货邮吞吐量占上海机场比例

（三）航空旅客运输业

2015年3月，浦东国际机场第四跑道正式启用。机场旅客吞吐量逐年增长，近三年旅客吞吐量占上海机场旅客吞吐量的62%左右，2015—2019年浦东机场旅客吞吐量占上海机场比例如表2-15、图2-4所示。

表2-15　2015—2019年浦东机场旅客吞吐量

年份	2015	2016	2017	2018	2019
旅客吞吐量（万人次）	6 010	6 600	7 000	7 400	7 615
占上海机场比例（%）	60.59	62	62.57	62.91	62.53

资料来源：中国民用航空华东地区管理局网站

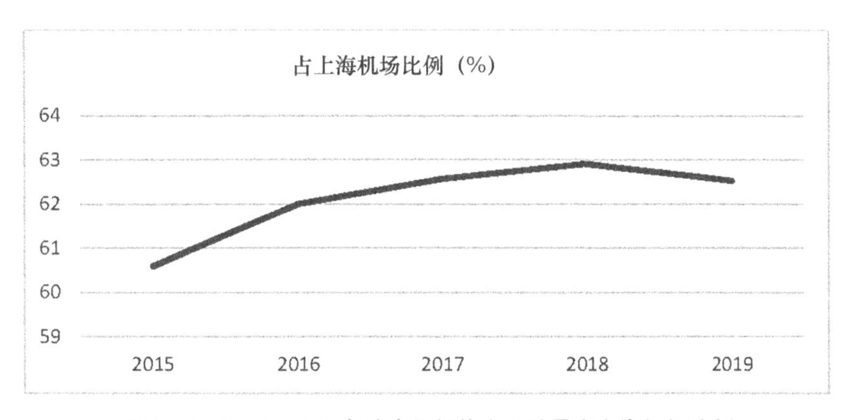

图2-4　2015—2019年浦东机场旅客吞吐量占上海机场比例

作为境内第二大门户枢纽机场，浦东国际机场的旅客中转量逐年提升，近三年来，旅客中转率在12%左右。2015—2019年浦东机场旅客中转量和旅客中转率，如表2-16。

表2-16　2015—2019年浦东机场旅客中转量和旅客中转率

年份	2015	2016	2017	2018	2019
旅客中转量（万人次）	552	730	841	887	930
旅客中转率（%）	10.2	11.1	12	12	12.2

资料来源：上海机场集团相关年度社会责任报告

第三节 临港新片区航运产业发展规模预测

临港新片区建设将促进航运业发展,对上海港口与航运业高质量发展,加快推动上海国际航运中心建设有着重大意义。本节将对临港新片区的海运产业和空运产业发展进行预测。

一、灰色系统分析 GM(1,1)模型

利用较少的或不确切的表示灰色系统行为特征的原始数据序列作生成变换后建立的,用以描述灰色系统内部事物连续变化过程的模型,称为灰色模型,简称 GM 模型。

对于给定的原始时间数据列,一般不能直接用于建模,因为时间数据多为随机的、无规律的。若将原始数据序列经过累加生成,可获得新的数据列。这种生成有两个目的:一是建模提供中间信息;二是将原始数据序列的随机性加以弱化。

灰色系统理论把经过一定方式处理后的数据序列,称为“模块”。认为由已知的白色数据构成的模块是白色模块,而由白色模块外推到未来的模块,即由预测值构成的模块是灰色模块。GM(1,1)模型为单序列的一阶线性动态模型,主要用于长期预测建模。

(1)选择数列。

(2)累加生成对原始数列做累加生成,得到新的数列 $y^{(1)}$,其元素

$$y^{(1)}(i)=\sum_{m=1}^{i}y^{(0)}(m),\quad i=1,2,\cdots,n$$

(3)建立灰色预测模型。

(4)模型还原按上述模型进行预测,将预测结果按照下式

$$\hat{y}^{(0)}(i+1)=\hat{y}^{(1)}(i+1)-\hat{y}^{(1)}(i)$$

进行还原,得到原始数列的预测值。

(5)求残差值 $\varepsilon^{(0)}$ 及相对误差 q:

$$\varepsilon^{(0)}(i)=y^{(0)}(i)-\hat{y}^{(0)}(i)$$

$q = \varepsilon^{(0)}(i)/y^{(0)}(i) \times 100\%$

(6)进行后验差检验。计算方差比 $C = S_2/S_1$。其中，S_1 为原始数据列的均方差 $S_1 = \sqrt{\dfrac{\sum_{i=1}^{n}[y^{(0)}(i) - \bar{y}^{(0)}]^2}{n-1}}$

S2 为残差的均方差

$$S_2 = \sqrt{\dfrac{\sum_{i=1}^{n}[\varepsilon^{(0)}(i) - \bar{\varepsilon}^{(0)}]^2}{n-1}}$$

(7)计算小误差概率 $p = \{|\varepsilon^{(0)}(i) - \bar{\varepsilon}^{(0)}| < 0.6745 S_1\}$。

根据检验的结果来判断是否可以预测。

二、海运产业发展预测

(一)港口服务业发展预测

2020 年，洋山深水港集装箱吞吐量 2 022 万标箱，同比增长 2.08%，在上海港占比达 46.5%，攀升至新高。2020 年前 11 个月，洋山四期自动化码头安全进出国际航线集装箱船舶 1 838 艘次，同比增长 28.9%，内支线集装箱船舶 4 834 艘次，同比增长 7.8%，集装箱吞吐量达 376.8 万标准箱，同比增长约 21.39%，全年预计突破 400 万标箱。2017—2020 年洋山深水港集装箱吞吐量见表 2-17。

表 2-17　2017—2020 年洋山港集装箱吞吐量

年份	2017	2018	2019	2020
集装箱吞吐量(万 TEU)	1 652.41	1 842.44	1 980.78	2 022

采用以上灰色预测方法，预测得到 2021—2025 年洋山港集装箱吞吐量预测值(见表 2-18)。

表 2-18　2021—2025 年洋山港集装箱吞吐量预测值

年份	2021	2022	2023	2024	2025
集装箱吞吐量(万 TEU)	2 230	2 335	2 440	2 560	2 680

(二)港口中转业务预测

国务院印发的《临港新片区总体方案》指出，在临港新片区实施高度开放的国际运输管理，提升拓展全球枢纽港功能，在沿海捎带、国际船舶登记、国际航权开放等方面加强探索，提高对国际航线、货物资源的集聚和配置能力。

2020 年 4 月，国家发展改革委、交通运输部联合下发了《长江三角洲地区交通运输更高质量一体化发展规划》指出，依托上海自由贸易试验区新片区，提升拓展全球枢纽港功能，在沿海捎带、国际船舶登记等方面加强探索，提高对国际航线、货物资源的集聚和配置能力。进一步完善启运港退税相关政策，优化监管流程，扩大中资方便旗船沿海捎带政策实施效果，依托上海自由贸易试验区新片区，研究在对等原则下外籍国际航行船舶开展以洋山港为国际中转港的外贸集装箱沿海捎带业务。

基于上海港集装箱国际中转比例的现状以及临港新片区的建设，预计 2025 年上海港集装箱国际中转比例可达到 12%～15%。

(三)国际运输业预测

由于新冠疫情的影响，2020 年春节期间，进出洋山深水港的国际干线集装箱船舶有所减少，到 3 月份，随着各地企业复工复产的有序推进，洋山深水港的国际干线集装箱船舶数量基本达到 2019 年同期船舶靠港水平。2020 全年洋山港区口岸进出口货运量保持增长。由于洋山港区进出口货运量数据难以获取，本节对与其相关的进出口货值进行预测。采用灰色预测方法，得到 2021—2025 年洋山港口岸进出口货值预测值(见表 2－19)。

表 2－19　2021—2025 年洋山港口岸进出口货值

年份	2021	2022	2023	2024	2025
进出口货值(亿元)	22 520	22 800	23 050	23 300	23 590

三、空运产业发展预测

(一)机场服务业预测

在国内外经济受到新冠疫情重创的背景下，2020 年上海浦东机场航班起降架次降低 36.2%。2015—2020 年浦东机场的航班起降量见表 2 - 20。

表 2 - 20　2015—2020 年浦东机场航班起降量

年份	2015	2016	2017	2018	2019	2020
航班起降(万架次)	44.9	47.99	49.7	50.5	51.2	32.6

资料来源:中国民用航空华东地区管理局网站

采用灰色预测方法得到 2021—2025 年浦东机场的航班起降量预测值(见表 2 - 21)。

表 2 - 21　2021—2025 年浦东机场航班起降预测值

年份	2021	2022	2023	2024	2025
航班起降(万架次)	54.2	55.2	56.3	57.4	58.5

(二)航空货物运输业预测

2020 年,浦东国际机场货邮吞吐量为 368.8 万吨,在全球民航均受到新冠疫情影响背景下,仍然保持 1.47%的正增长,反映出上海机场的航空货运业务竞争优势明显。浦东国际机场已有 30 余家航空公司在此运营全货机业务,全货机通航 31 个国家、112 个通航点,每周全货机起降近 1 000 架次,机场联通全球 47 个国家和地区的 297 个通航点。2015—2020 年浦东机场货邮吞吐量如表 2 - 22。

表 2 - 22　2015—2020 年浦东机场货邮吞吐量

年份	2015	2016	2017	2018	2019	2020
货邮吞吐量(万吨)	327.5	344.03	382.43	376.86	363.42	368.8

采用灰色预测方法,得到 2021—2025 年浦东机场货邮吞吐量预测值(见表 2 - 23)。

表 2－23　2021—2025 年浦东机场货邮吞吐量预测值

年份	2021	2022	2023	2024	2025
货邮吞吐量(万吨)	379.2	382.4	385.5	388.6	391.8

(三)航空旅客运输业预测

受新冠疫情的影响,近几年航空旅客运输量会出现起伏波动现象,难以得到比较准确的预测结果。本节采用灰色预测方法,结合定性预测,仅预测 2025 年浦东机场旅客吞吐量,得到预测值为 6 200 万人次。

第四节　临港新片区制度创新对上海航运产业发展的促进作用

《临港新片区总体方案》提出,在适用上海自由贸易试验区各项开放创新措施的基础上,支持新片区以投资自由、贸易自由、资金自由、运输自由、人员从业自由等为重点,建立以投资贸易自由化为核心的制度体系,推进临港新片区投资贸易自由化便利化。这将有利于上海为航运产业发展打造法制化、国际化的营商环境,促进国际中转集拼、国际船舶登记和高端航运服务业发展,拓展上海国际航运中心的全球枢纽港功能。

一、实施公平竞争的投资经营便利有利于完善航运产业的营商环境

《临港新片区总体方案》提出,在重点领域加大对外开放力度,放宽注册资本、投资方式等限制,促进各类市场主体公平竞争。允许境外知名仲裁及争议解决机构经上海市人民政府司法行政部门登记并报国务院司法行政部门备案,在新片区内设立业务机构,就国际商事、海事、投资等领域发生的民商事争议开展仲裁业务。

临港新片区要打造公平竞争的投资经营环境,需要借鉴国际上自由贸易园区的通行做法,对接国际规则更好解决和处理贸易纠纷,增强国际商事纠纷审判组织建设,其中海事仲裁等商事争议的解决必不可少。这将促进上海国际海事仲裁等业务的快速发展,提升上海在全球海事仲裁的地位,发挥航运交易机构、仲裁机构、法律服务机构的作用,构建灵活、高效、专业的

海事海商纠纷多元解决机制，也能为习惯采用英美法系的国际航运企业、船舶管理企业提供一体化解决方案，营造一流的法治化、国际化航运产业发展的营商环境。

二、实施高标准的贸易自由化有利于提升航运产业的辐射能级

《临港新片区总体方案》提出，在新片区内设立物理围网区域，建立洋山特殊综合保税区，作为对标国际公认、竞争力最强自由贸易园区的重要载体，在全面实施综合保税区政策的基础上，取消不必要的贸易监管、许可和程序要求，实施更高水平的贸易自由化便利化政策和制度。这意味着洋山港区的海关监管体系将进一步升级，在保证安全的前提下，将采用更为自由的监管模式。尤其在洋山特殊综合保税区，“一线”充分放开，区内高度自由，极大便利了企业开展国际中转集拼业务。这将进一步吸引货源、优化资源配置，推动洋山港由单纯集装箱运输型中转向高物流附加值的集拼、拆拼中转转型，促进航运产业能级提升，提升上海国际航运中心在全球物流产业链和价值链中的地位。

三、实施资金收付便利的跨境金融管理制度有利于提升航运产业的附加值

《临港新片区总体方案》提出，支持金融机构在依法合规、风险可控、商业可持续的前提下为新片区内企业和非居民提供跨境发债、跨境投资并购和跨境资金集中运营等跨境金融服务。《关于促进洋山特殊综合保税区对外开放与创新发展的若干意见》指出，支持区内企业和机构开展航运融资结算、航运指数衍生品和绿色金融等业务，建设全球资金管理中心、财富管理中心等更高开放度的功能型机构。

这些都将大大有利于临港新片区金融交易平台创新发展，并利用这些平台，进行航运期货品种、航运指数衍生品等研发，开展航运融资、航运保险、航运结算、航材租赁、船舶交易等业务，促进上海国际航运中心高端航运服务业的发展，提升航运产业附加值。

四、实施高度开放的国际运输管理有利于提升航运产业的集聚度

《临港新片区总体方案》提出，在沿海捎带、国际船舶登记、国际航权开放等方面加强探索，提高对国际航线、货物资源的集聚和配置能力。

上海国际航运中心的启运港退税、中资方便旗船沿海捎带以及国际船舶登记等业务之前实施的效果不明显。这项政策有效实施后，将有利于降低国际贸易的物流成本，有助于国际航运企业优化运力结构、降低企业航线运营成本，改善营商环境。吸引外贸货物在洋山港开展中转、集拼、存储、加工等业务，拓展国际集装箱物流增值服务功能，提升航运产业的国际竞争力。

在确保有效监管、风险可控前提下，对境内制造船舶在“中国洋山港”登记从事国际运输的，视同出口，给予出口退税。这将促进国内船舶建造、降低航运企业造船成本、增强市场活力。也可以吸引在他国注册的中资“方便旗”船舶回归，增强国家对国际船舶的资源配置能力，进一步提升高端航运服务业的发展水平，促进船舶建造、船舶登记和船舶管理等航运产业的发展。

《临港新片区总体方案》提出的在国际航权开放方面的探索，将吸引相关国家和地区航空公司开辟经停航线。这将提升浦东国际机场航空中转集拼业务，增强上海国际航运中心乃至长三角地区与“一带一路”沿线国家和地区的连接度，更好地服务于区域经济发展，促进上海航空产业的发展。

五、实施自由便利的人员管理有利于提供航运产业的人才保障

《临港新片区总体方案》提出，放宽现代服务业高端人才从业限制，在人员出入境、外籍人才永久居留等方面实施更加开放便利的政策措施。对在区内工作的境外高端、紧缺人才，给予个人所得税税负差额补贴。对在区内实际经营的企业的高管人员和特殊高端人才，给予人才奖励、落户支持以及人才公寓、人才住房保障、子女教育、医疗保障等方面的优惠政策。这有利于国际航运高管人才引进，集聚航运业高层次人才；也有利于国际海员的聘用，促进航运经纪、船员劳务等航运产业的发展，带动航运教育与培训发展。

第三章　境内外航运中心与自由贸易区联动发展的主要经验

第一节　境外国际航运中心与自由贸易区联动发展的主要经验

境外主要航运中心无不与自由贸易区息息相关，而且均与自由贸易区联动发展，通过两者联动发展进一步提升了航运中心的竞争力。

一、推行优惠的税收政策，增强航运要素集聚功能

境外国际航运中心为了增强航运要素集聚功能，利用自由港或者自由贸易区不断推行税收优惠政策，提高航运中心的吸引力。

新加坡拥有得天独厚的港口区位优势和优质高效的航运相关服务产业，在世界航运中心中名列前茅。新加坡政府为抓住这一历史性机遇，发挥自由贸易港的优势，分别针对国际船东和船舶经营者、航运服务企业、融资租赁企业提供相应的税收优惠政策，大力发展本国航运产业。对国际船东和船舶经营者提供5～10年的税收减免待遇。对符合标准的航运服务企业提供5年10%的优惠税率。对符合标准的融资租赁企业提供5年5%～10%的税收减免待遇，且符合标准的企业经理还可以享受10%的个人所得税税率。通过优惠的税收政策，新加坡的国际航运集团数量已从2000年的20多家增至目前的150多家。根据2019年4月《世界领先海事之都》报告，新加坡在航运吸引力与竞争力领域处于全球首位。

迪拜的杰贝阿里港于20世纪70年代末开港运营，为了吸引航运企业和货主企业，杰贝阿里自由贸易区相继建立，通过制定少税种、低税率的税收优惠政策提升港口的转运中心地位。第一，迪拜可以被誉为是企业家的“避

税天堂”，在这里既不征收企业所得税也不征收营业税和消费税等。迪拜自贸区允许绝大部分商品自由进出，且不征收进出口关税和再出口关税，而港区内仓储、贸易、加工制造等环节也均不征税。第二，迪拜自贸区内的企业进行生产所需要的机器、设备、零部件等均免征关税。第三，迪拜自贸区内不征收任何个人所得税和企业所得税。上述政策导致企业和船舶纷纷集聚杰贝阿里港区，杰贝阿里港逐渐发展成为一个庞大的转运中心和迪拜本地运营商迪拜环球港务公司的旗舰港。目前迪拜已经集聚 5 500 家航运公司，拥有 76 000 个航运相关工作职位，航运对地方经济的贡献 73 亿美元。

二、发挥海空互动效应，提高物流枢纽地位

境外航运中心在自由贸易区的发展过程中还充分发挥了海港空港的先导性作用和互动效应，满足顾客在物流时间和成本方面的个性化要求，提供物流增值服务，增强港口枢纽功能。如作为纽约新泽西港的管理者以及自由贸易区的承授人，纽约新泽西港务局还运营管理着与该自由贸易区同在 25 英里半径范围内的肯尼迪、拉瓜迪亚和纽瓦克三大国际机场，凭借海港空港一体化管理体制，纽约发挥海空互动效应，提升港口物流枢纽地位。新加坡地处亚洲主要海运和空运航线的端点，具有运输便利化的优越条件，为此，新加坡通过海运和空运的配合和衔接，将海空联运作为海港与空港合作开展的一项增值业务，满足客户的特殊需求，以提升其物流枢纽地位。根据 2020 年全球十大集装箱港口排名，新加坡港口集装箱吞吐量已连续十年稳居世界第二位。迪拜为了从时区和交通方面成为连接东西方世界的纽带，围绕海港（杰贝阿里港）、空港（迪拜国际机场）以及自由贸易区（杰贝阿里自由贸易区），着力打造基于两港一区的海空联运模式。海空联运将货邮吞吐量排名世界前五的空港和集装箱吞吐量排名世界前十的海港与自由贸易区紧密相连，形成一条能为世界提供更快捷、更完备服务的“完美通道”。

三、提供简便的货物监管，促进航运物流自由化

从境外自由贸易区的监管实践来看，海关监管是主体，通过便捷的海关监管和低廉的关税促进国际贸易和国际航运的开展。因此，境外国际航运中心利用自由贸易区这一特定区域，对船舶和货物采取尽可能简便的手续，简化通关程序，建立一种极为自由灵活的监管机制。香港全境实行自由港

制度，为便利货物流通，海关采取风险管理的方式，利用产地来源、国家分类等经验值，挑选查验标的，集中打击不法商人或物品，而让所有合法货物畅通无阻。外国船舶可以自由在香港装货、卸货、搬运、丈量或称重、储存、分装、分类、分级、清理、制造、贴标签、拍卖和转运等。作为全球最自由开放经济体之一，香港以其成熟完善的市场经济体系、法律制度、金融和物流服务、独特的地域优势、优质的营商环境，已经成为公认的国际航运中心。新加坡大约95%的货物可以自由进入，一般货物的关税率较低，货物的从价税关税率为5%。进口产品一般没有配额限制，除了医药品、危险品、影视作品、军火等产品之外的货物无需许可证即可免税进口。便利化的监管模式提升了新加坡航运中心竞争力，根据挪威咨询机构 Menon Economics 和 DNV GL 2019 年 4 月发布的《世界领先海事之都》报告，新加坡连续第四次荣登榜首；根据新华社和波罗的海交易所联合发布的 2019 年度航运中心排名，新加坡连续第六次排名第一。

四、实行宽松的金融管制，提升航运服务能级

境外国际航运中心同时也是国际金融中心，大多利用自由贸易区的金融自由化政策促进航运要素资源集聚和航运高端服务业发展，提升航运服务能级。

迪拜自由贸易区内不设金融和货币限制，允许外资设立独资企业、允许企业利润自由汇出。迪拜国际金融中心（DIFC）在 2021 年上半年提前三年实现了其 2024 年战略增长目标。DIFC 2021 年吸引了 996 家公司入驻，创下了自成立以来的最佳纪录，同比增长 36%；活跃注册公司总数达到 3 644 家，同比增长 25%；活跃的金融和创新相关公司总数达到 1 124 家，同比增长 23%。在金融自由政策的影响下，迪拜自贸区不断吸引、汇集更多的国际资源，促进航运金融、航运保险等高端航运服务业的发展，提升了自身的航运服务中心地位，使得迪拜成为新兴的国际航运中心。

香港在金融领域没有外汇管制，奉行资金自由进出、外汇自由兑换等政策，主要体现为：资金进出没有限制；由于股息、专利权费、利息等得到的利润和其他收入，可以自由地转移到国外。宽松的金融政策促进了香港船舶融资和海事保险产业的发展。在国际船舶融资领域，香港拥有数量众多的

提供船舶融资服务的金融机构，这些金融机构境内外联动性强，机构类型多样化、资金成本低，资金充裕，航运企业流动性压力较小。根据香港金融管理局的统计数字，截至2020年底，香港船务贷款总额约为1 290亿港元，占近香港银行贷款总额的2%。目前，世界10大船舶融资银团贷款的簿记行中有8家在香港设立办事处，使中国香港成为亚洲国际船舶融资中心。在海事保险领域，发达的航运业带来巨大的海事保险需求。2016年，国际海上保险联盟在香港设立亚洲区中心，作为联盟在德国总部以外的首个分支组织。截至2021年年底，香港共有84家获授权的海事保险公司，其中外资海事保险公司有32家。在国际保赔协会集团(IG)的13家成员协会中，有12家在香港设有办事处，再加上中国船东互保协会的香港分支机构，使香港成为伦敦之外全球第二大的保赔保险中心。

新加坡无外汇管制，资金可自由流入流出。企业利润汇出无限制也无特殊税费。企业在新加坡一般可开立新元、美元、港币、欧元、澳元等账户，可自由决定结算货币种类。在新加坡，企业开展进出口和转运业务只需向会计与企业管理局注册，并向新加坡关税局免费申请中央注册号码即可。新加坡除了奉行宽松、自由、开放的货币和外汇政策以外，还针对服务行业尤其是航运业制定相应的金融支持政策，如海事金融优惠计划、海运商业信托等。新加坡海事和港口局(MPA)出台的海事金融激励计划，对相关海事基金或信托实行减免税费的优惠，海事商业信托基金为企业和投资者分别带来了资金和可投资产，成为新加坡海洋金融业中的重要融资工具。海事金融激励计划通过一系列的税收优惠措施，吸引社会资金进入航运业。在该激励计划的鼓励下，新加坡海运信托基金应运而生，为航运企业开辟了新的融资途径，促进了新加坡航运业的发展。政府还引导实施海事信托计划、新加坡海事组合基金(MCF)等政策，鼓励和支持海事金融业的发展，世界主要涉海保险公司均在新加坡设立了分支机构，如世界保险业中信誉最高、实力最强的英国劳埃德保险公司。同时，新加坡政府制定和实施了优惠税收政策，有效降低了海事企业的财务成本，缓解了资金流量压力，提高了对潜在投资对象如船舶租赁公司、海运信托基金等的吸引力。例如，新加坡为吸引更多航运企业到当地投资和经营，推出了一系列税收优惠的激励政策，包括所得税优惠、"特许国际航运企业计划""特许航运物流企业计划"等。

香港和新加坡通过宽松的金融政策促进了航运业发展，实现国际航运中心与国际金融中心相辅相成、相互融合。

五、创建智能化港口社区，加快航运数字化转型

数字化是全球港航业未来发展的重要目标。2020年爆发的新冠疫情更是加速了航运业数字化发展步伐。以新加坡、伦敦、洛杉矶等为代表的国际航运中心正在积极实行数字化举措，通过创建智能化港口社区，加快航运数字化转型。新加坡港利用信息技术打造各类线上港口社区平台，实现产业链各环节的数据共享和无纸化运行，能够高效为各利益相关方提供决策依据，旨在打造"高效、智能的世界级下一代港口"。伦敦门户港使用迪拜世界港口集团提供的港口社区系统，向产业链利益相关者以数字方式推送信息，并确保各项业务通过数字系统以最高效的方式执行，旨在将自身打造为"物流合作伙伴"，利用创新技术帮助企业提高供应链的弹性和可见性，实现托运人和港口之间的合作更加智能化。洛杉矶港利用工业物联网、大数据和其他新兴技术提高货物运输的可靠性、可预测性和经济性，旨在打造"数字空间中值得信赖的合作伙伴"，进而解决港口社区内长期存在的货流不畅、效率不高等系统性问题。荷兰鹿特丹港是欧洲最大最智能港口和最大的海运集群中心，全球最重要的物流中心之一。鹿特丹港拥有欧洲高效和完整的智能供应链，是世界上可持续性最强的港口之一。在数字创新领域，它是全球的标杆，港口的数字化加速了现有运输和物流行业的转型。此外，鹿特丹港的人造扩建项目 Maasvlakte 2 不仅是荷兰最大的基建工程项目之一，也为可持续商业和清洁能源树立了全球标杆。鹿特丹港 ECT-Delta 码头作为世界上第一个自动化码头而闻名。目前最大的船舶可以停靠在此而不受潮汐或者船闸的限制。另外，鹿特丹港 Euromax 码头专为快速、安全、高效地处理最大的集装箱船而设计，2010年投产；2015年开始运行的 APMT MVII 码头、RWG 码头也是全球极具创新性的全自动化集装箱码头之一。鹿特丹港务局近期使用荷兰无人机制造商 Avy 的新型 Aera3 自主飞机进行船舶污染排放监测试验，以期推动可持续航运发展。

第二节 国内航运中心城市与自贸试验区联动发展的主要经验

自2013年上海自由贸易试验区设立以来，至今我国境内已正式设立21个自由贸易试验区，包含上海、天津、大连、宁波—舟山、广州、青岛等主要港口城市。自由贸易试验区通过与港口城市的积极联动，以及自贸试验区制度的不断创新和完善，有力提升了港口枢纽功能和航运中心地位。

一、依托政策创新，探索国际船舶登记制度

自由贸易试验区的成立为改革和探索国际船舶登记制度提供了适宜环境，是吸引中资船舶回归的良好机遇。国内主要港口城市利用自由贸易试验区政策和制度进一步为船公司在中国境内进行船舶注册登记提供便利，同时也为相关港口城市的航运服务业发展吸引了更多资源。

天津于2013年率先在全国试行国际船舶登记制度，在保障安全的前提下，对登记在东疆保税港区的船舶从登记条件、船员雇用、登记种类、税费征税等方面放宽准入条件，以吸引中资方便旗船舶回归，次年即完成了我国第一艘国际船舶登记手续的办理。2015年，包含东疆保税港区在内的天津自贸试验区正式启动，借助政策创新优势，船舶登记制度的改革力度进一步加强，船舶登记流程大大优化。凭借政策和制度的吸引力，在天津东疆登记船舶的数量正在逐年增加，吸引了越来越多的中资船舶回归。

广东自贸试验区自2014年底设立以来，主要依托南沙新区片区加快建设国际航运中心，其重要政策创新之一是实行具有竞争力的国际船舶登记政策，建立高效率的船籍登记制度。2017年3月15日，中国交通运输部海事局将“广东南沙”设立为中国(广东)自由贸易试验区南沙新区片区国际船舶登记船籍港，广州海事局作为登记机关，在南沙成立了自贸区国际船舶登记中心，负责受理、告知和证书发放工作，自贸区内企业在南沙海事处便可申请办理国际船舶登记业务，无须再往返广州即可享受高效优质的登记体验，为行政相对人节约了大量时间与交通成本。广州南沙自贸试验区成为我国自由贸易试验区8个国际船舶登记船籍港之一。目前，在船舶登记数量

逐年上升的推动下，广州南沙自贸区也已逐步形成与国际航运中心和物流中心相适应的政策体系，初步建成航运服务集聚区。南沙自贸区同时出台了国际海事产业奖励扶持政策，对注册为“广东南沙”船籍港的船舶给予60元人民币/总吨的补贴，同时给与债权数2%的抵押权登记补贴，并对国际班轮航线、国际船舶管理、船舶检验、海员外派及海员个人经济贡献方面等都给予相应奖励扶持措施。

二、借力投资制度改革，延伸航运产业链

国内自贸试验区在投资体制机制方面不断推进改革，探索建立负面清单管理模式，对所有涉企类行政许可事项由审批制改为备案制、实行告知承诺、优化审批服务，降低企业制度性交易成本，激发市场活力和社会创造力。随着自贸试验区投资体制改革红利的加快释放，主要港口城市持续优化航运营商环境，持续探索具有国际竞争力的航运发展制度和运作模式，加快航运要素集聚，拓展航运产业链，提升国际航运服务能级。

天津自贸试验区将其东疆片区打造成为北方国际航运中心和国际物流中心的核心功能区，在其中集聚航运金融、保险、经纪、交易以及船舶管理、保税维修等高端产业要素，将航运业向产业链上游延伸拓展，目前东疆片区注册企业约有4/5属于航运、物流、租赁、贸易结算、保险理赔等5大支柱型产业。东疆片区逐步形成了以融资租赁、国际贸易、航运物流等为主导，以金融、信息、科技、文化、旅游等为辅的综合产业体系。

广州依托广东自贸试验区南沙新区片区进一步夯实航运基础设施，完善集疏运体系，扩大航运业对外开放，促进航运服务高端要素聚集，推动邮轮母港建设和配套产业集群发展，建设国际性枢纽港，打造21世纪海上丝绸之路的物流枢纽和亚太地区航运综合服务平台。在完善港航基础设施建设方面，推进广州港南沙港区三期、四期码头建设，建成投产一批10万吨级及以上集装箱泊位。推进南沙港铁路、沙仔岛近洋码头、龙穴南江海联运码头建设，拓宽南沙港区至珠江口段出海航道。建立与世界级航运机构的战略合作关系。推进前海湾保税港区二期规划建设，推动深圳西部港区资源整合。启动铜鼓航道拓宽升级工程，提升西部港区、大铲湾港区作业能力，建设高标准、自动化、智能化、绿色低碳的现代化示范集装箱码头。在拓展高

端航运服务功能方面，促进航运与金融互动发展，发展航运保险。发展航运电子商务，探索航运运价指数场外衍生品开发与交易业务。支持广州航运交易所取得交易、融资租赁、保险经纪、担保、商业保理等特许经营资质。发展国际船舶运输、国际船舶管理、国际船员管理、国际航运经纪等产业。支持广州市组建航运基金管理公司，在南沙片区设立航运产业投资基金。发挥前海航空航运要素平台的功能作用，探索深港共建航运交易信息平台。在海事服务体系建设方面，推进“海事诚信管理”制度。优化船舶进出口岸许可流程，实现船舶出口岸“零时等待”，许可证“即到即取”，提供“材料一次提交，多船一次办结”等优质海事服务。研究制定广东自贸试验区海事管理负面清单、权力清单。在国际船舶登记制度改革方面。制订广东自贸试验区国际船舶登记制度试点方案，简化国际船舶运输经营许可程序，优化船舶营运、检验与登记业务流程，形成高效率的船舶登记制度。推动航运企业、船舶经纪、航运保险、海事仲裁等航运要素汇集，提升航运综合服务水平。充分利用现有中资“方便旗”船税收优惠政策，促进符合条件的船舶在广东自贸试验区落户登记。

浙江自贸试验区自2017年挂牌以来，舟山充分利用政策优势，不断优化航运营商环境、引进海事服务相关企业。在优化航运营商环境方面，推进保税燃料油供应“单一窗口”建设、深化航运企业注册登记制度改革和加快法治海事建设；在引进海事服务相关企业方面，利用发布的《中国（浙江）自由贸易试验区重点产业培育和扶持暂行办法》，鼓励国内外企业开展国际船舶管理、国际船舶修造、国际船舶检验、保税维修、航运保险、航运仲裁、海损理算、航运交易等高端服务业。在以上政策初见成效的基础上，国务院2020年9月发布的《中国（浙江）自由贸易试验区扩展区域方案》进一步明确了“到2025年基本建立以投资贸易自由化、便利化为核心的制度体系”的发展目标。

广州自贸试验区南沙片区加快集聚高端航运服务业。试点建设广州航运供应链金融服务平台、航运保险要素交易平台以及南沙全球金融综合服务基地。建成76万平方米的南沙国际邮轮母港，建成船舶交易服务网点15个，2020年完成船舶交易867艘次、交易额30.1亿元，分别比2015年增长

50.8%、53.57%，“十三五”期间累计完成船舶交易 3 792 艘次，交易额 148.46 亿元，累计年均增长率分别为 28.5%、36.6%，2020 年完成船舶租赁 16 艘次（“十三五”时期累计 80 艘次），新增全国首笔以人民币为交易货币的境外租赁特种船舶交易业务，新增首单船舶租赁资产跨境保理业务。截至 2020 年 11 月底，广州航运交易所创新发布南沙自由贸易试验区航运发展指数 234 期，创新境外海工船交易，航运 e 平台航运金融风控产品上线，2 家航运产业发展基金成立，“广东南沙”获批国际船舶登记船籍港，首例国际登记船舶“南沙陆拾捌号”登记落地，10 艘中资方便旗船获得广东海事局签发的船舶所有权证书和国籍证书。南沙拥有航运总部企业 18 家，国际海员 1 万余名，累计落户航运物流企业 9 927 家，为 2015 年的 9.3 倍。海上丝绸之路国际海员中心、国际海员外派基地、自贸区船员适任评估示范中心、全国首家省级航运专业人才市场以及世界帆船组织亚洲分会落户南沙，多个帆船赛事落地南沙，举办“一带一路”国家竹博汇、粤港澳大湾区名家书画展、海上丝路国际文化体育时尚周、丝路非遗时尚大赏、国际邮轮旅游文化节等文旅活动。

三、发挥金融开放优势，拓展融资租赁业务

在国内各个自贸试验区不断推进金融改革开放，创新金融服务，打造更好的营商环境，更好地服务实体经济的背景下，相关的主要港口城市也在积极发挥自由贸易试验区金融创新对航运经济的支撑作用，不断开拓船舶融资租赁业务。

天津利用自贸试验区东疆片区吸引中海油、中民租赁等企业聚集形成船舶海工租赁板块，完成国际航运船舶、海上石油钻井平台等租赁业务，并将租赁业务开展领域向其他相关板块拓展，目前融资租赁资产总额已超过万亿元。天津在发展融资租赁的过程中一直是创新开路，通过在业务模式、口岸监管、外汇管理、税收机制等方面不断创新，逐步对接国际通行规则，形成了中国特色的融资租赁产业模式。其中，东疆片区通过以企业需求为导向的政策创新，发展成为全球第二大飞机租赁中心，并从前端租赁业务逐步延伸到二手飞机交易处置、客机改货机等领域。据了解，截至 2022 年 5 月底，东疆累计注册各类租赁企业和项目公司超过 3 700 家。目前，东疆租赁

资产总规模已超万亿元，约占全国 15%。在跨境金融领域，为让更多企业享受 FT 账户政策优惠，天津自贸试验区机场片区在中国人民银行天津分行指导下，在全国率先推进了“分公司＋FT 账户”新模式。该模式最大的创新之处在于，探索通过企业在天津自贸试验区设立分公司，开立 FT 账户，化解 FT 账户的区域经营的问题。目前，这一模式已惠及全国多地企业。天津自贸试验区将继续以供应链金融综合创新生态体系建设和北方风险管理中心建设为两大支柱和两条主线，以金融要素功能性平台打造为主要抓手，充分结合金融创新示范区建设，以政策创新持续推进融资租赁、商业保理在自贸试验区内聚集，以离岸金融、人民币国际化、资本项目可兑换等领域创新为重要补充，打造全国乃至全球的融资租赁中心、商业保理中心、大宗商品贸易与金融中心、北方风险管理中心、枢纽级投融资中心。

广州利用自贸试验区南沙片区制定《广州南沙促进融资租赁业健康发展的实施意见》和《促进南沙新区融资租赁业发展扶持暂行办法》等，打造融资租赁产业集聚平台，建设中国融资租赁第三极，形成千亿级的融资租赁产业集聚区。目前，广州南沙融资租赁注册已在手续简化、税收优惠、形式多样（内资、外资、中外合资）等方面形成全国范围的领先优势。为了推进南沙国际金融岛建设，积极引入全球金融业高端要素资源，打造粤港澳大湾区金融创新和资源配置平台，打造金融开放创新枢纽。基于此，南沙利用自贸试验区跨境金融创新等优势，积极探索创新内地和香港的飞机船舶租赁业务合作渠道，支持携手港澳共建全球飞机租赁中心。据初步统计，南沙全区 2 200多家融资租赁企业中，港澳资占比近 70%，并引进了多家具有港资背景的龙头企业，联动落地多项融资租赁创新业务，实现飞机船舶资产的国际化流通。

四、利用新型贸易机遇，提升港航需求规模

国内主要港口城市也充分利用自贸试验区贸易便利化环境，不断创新贸易模式，开展了跨境电商、大宗商品交易、期货保税交割、数字贸易等多种新型国际贸易，并积极利用新型国际贸易带来的发展机遇，持续提升港口和航运需求规模。

天津利用自贸试验区东疆片区建设几十家进口商品直营中心，通过政

策创新实现跨境电商保税备货、海运快件快速通关、平行进口汽车保税仓储等，助推天津港打造成为国际贸易和货物中转的重要节点。依据2020年发布的《新华·波罗的海国际航运中心发展指数》排名，天津在全球航运中心位列第20，实现了连续两年排名共上升10位的目标。依托天津自贸试验区的政策和区位优势，天津市跨境电商产业蓬勃发展，助力天津建设国际消费中心城市。据统计，天津自贸区设立以来，围绕跨境电商发展推出了86项制度创新举措，其中24条已经在全国复制推广。按照天津自贸试验区最新政策，跨境保税商品实行“先销售，再集中完税报关”，这就意味着商品在离开保税区前企业无须缴纳关税，进一步降低了运营成本。2021年，天津市跨境电商进出口总额实现翻番，惠及广大消费者，助力天津国际消费中心城市建设。

宁波港口与综合保税区分别利用港口的区位优势和保税区的制度优势，合作推进航运数字化建设。通过云仓商业模式，为交易和物流提供数字化服务，提高了物流效率和仓储空间利用率，大大加快了物流对市场的反应速度。同时，通过建设数字贸易港打造完整的数字化贸易生态链，降低交易成本，缩短交易时间。浙江自贸试验区宁波片区发挥“港口＋自贸区＋保税区”叠加优势，结合本地大宗产业特色，借助数字平台赋能，整合优化上下游企业需求服务，北仑正积极打造数字驱动、产业集群、创新引领的数字贸易高能平台。围绕化工品、铝产品等大宗商品类别，引进培育出六六云链、大宗易行、铝拓网等多家数字贸易平台。随着数字贸易平台的建立，打破了原本大宗贸易单纯的买卖服务，在助力制造业企业稳定原材料供应链、降低采购成本的同时，提供包括线上交易、物流管理、仓储加工、支付结算、供应链金融等一站式供应链服务，加快推动油气、金属等大宗全产业链蓬勃发展。

浙江自贸试验区宁波片区将继续以数字赋能，加快三个“打造”，进一步扩大数字贸易的规模，提升现代服务业能级。

一是加快打造国际油气资源配置中心。利用自贸区政策优势，集聚一批国内外知名油气生产商、贸易商和投资机构。推动自贸区数字能源大宗产业园平台项目尽快运营，推进中化能源“六六云链”、大宗易行等数字化服务平台做大做强，助力东华能源马森国际建设国内首家LPG物联网销售平台，打造有全球影响力的中国宁波 LPG 价格指数。

二是加快打造国家级大宗商品贸易中心。围绕金属、农产品等大宗商品类别，推动铝拓网等产业平台做大做强，推进国家大宗商品战略储运基地项目建设，打造五千亿级有色金属产业集群、五千亿级黑色金属产业集群以及千亿级新能源金属产业集群和千亿级农产品产业集群。

三是加快打造发展新业态新模式。大力发展离岸贸易、数字贸易、跨境贸易、服务贸易等新型国际贸易业态，培育"LookingPlas—全球塑料产业互联网服务平台"等跨境电商综合服务平台，推进出口监管仓、LNG 进口保税仓做强做大，进一步推动海外仓出口业务全国领先，加快建设国家级跨境电商枢纽中心，打造千亿级跨境贸易产业集群。

广州利用自贸试验区南沙片区探索发展相关大宗商品品类的期货保税交割业务，拓展交易、交割、贸易结算功能，构建期货交割库聚集区，推动交割库互认。依托广州南沙综合保税区，建立粤港澳大湾区大宗原料、消费品、食品、艺术品等商品供应链管理平台，建设工程塑料、粮食、红酒展示交易中心，设立期货交割仓。支持开展保税燃油加注业务，争取南沙企业申请"国际航行船舶保税油经营"全国性资质，争取具备资质的企业在指定监管场所内开展保税船燃调兑业务。扩大燃料油进口，探索"南沙＋锚地"模式发展 VLCC 浮舱石油保税进口业务的可行性。打造粤港澳大湾区保税船燃加注基地，探索构建粤港澳大湾区联合监管平台。通过上述举措建设大宗商品国际分拨枢纽，提升航运需求规模。

五、实现海港空港联动，拓展航运服务功能

随着国际运输货物向（附加值）高、（重量）轻、（厚度）薄、（体积）小的方向发展，这些货物也大量转向航空运输，海空联运成为国际航运中心建设的大势所趋。在境内各自由贸易试验区建设的过程中，其相关的港口城市也越来越多地考虑到航空运输在城市经济和航运发展中日益重要的作用，大多依托自由贸易试验区致力于实现海港与空港一体化，促进海运与空运联动，拓展航运服务功能，提升物流枢纽功能。

广东自贸试验区通过构建南沙片区与广州白云机场综合保税区之间的"一体化"管理模式，互认互通，推动广州空港—海港联动发展。目前，广州白云机场综合保税区已经全面复制和推广了广东自贸试验区的相关先行先试政策，形成了南沙海港与白云空港“区港一体化”的监管模式。为了推进海空联动实现一体化发展，在南沙综合保税区内建立南沙粤港澳大湾区机场共享国际货运中心，货物在共享国际货运中心完成称重、贴标、海关申报以及查验放行等操作，迅速装车运往广州白云机场。在机场不需再办理通关手续，直接发运“一带一路”沿线国家。粤港澳大湾区机场共享国际货运中心搭建起海港与湾区各大空港机场群协同作业联合发展的一体化平台。此外，广州海关所属南沙海关根据企业发展需要和市场变化需求，依托保税政策先行先试，推动货运中心功能不断完善。在南沙综合保税区内设立跨境电商海外直邮场站，配套设置专用电商包裹 X 光机验放分拣线，优化卡口信息化系统开设空运进出区快速通道，与广州白云机场海关信息数据共享，货物在南沙综保区即可办结空港跨境电商出口手续，运抵广州白云机场货站后快速登机离境，企业物流进一步加快，运营成本有效降低。出口企业在南沙可根据业务需求多元化选择海空联运至香港机场出口或陆空联运至广州白云机场出口。

天津自贸试验区以天津港东疆片区及其内部包含的东疆保税港区、天津机场片区及其内部的天津港保税区空港部分为载体，共同建立信息共享、联合应急及定期交流机制，实现信息资源有效整合；同时发挥天津港和天津机场各自优势，共同打造海空联运服务，并逐步实现海空联运通关一体化；天津自贸区东疆片区、中心商务片区和天津机场片区立足自身产业和政策优势，加快形成创新合力，助力天津市加速形成航空航天产业融资租赁＋国际保理＋保税维修再制造优势产业集群，建成总装—销售（保税）融资租赁＋保理—（保税）维修和再制造—“客改货”—（保税）拆解—二手交易的航空航天全生命周期产业链。

山东自贸试验区青岛片区成立一年以来，加强与海港、空港联动，推进海陆空邮协同发展，充分发挥青岛“新亚欧大陆桥经济走廊主要节点城市”和“海上合作战略支点”双定位功能。目前，山东正在复制推广自贸试验区高水平建设经验的基础上，依托青岛胶东国际机场，打造胶东临空经济示范区，真正助推海港—空港经济区域的齐头并进。山东自贸试验区烟台片区加强自贸试验区与海港、空港的联动，推动海陆空邮协同发展。临近深水大港烟台西港区的烟台临空经济区规划面积 148.7 平方公里，布局建设“一核一廊两片区”。聚焦空港现代服务、全球配套服务、生命健康、海洋科技创新、新能源等十大发展方向，打造国际化、生态化、特色化空港新城。山东自贸试验区烟台片区将与空港、海港联动发展，依托三者优势，推动空铁海多式联运，不断丰富口岸功能体系，构建更高能级的贸易通道，实现港口产业与自贸功能业态耦合共生。

六、对接“一带一路”倡议，打造多式联运枢纽

自 2013 年“一带一路”倡议提出以来，国内港口城市一直将对接“一带一路”倡议作为航运中心建设的题中之义和必由之路，并通过与自贸试验区联动，采取多种举措打造“一带一路”运输枢纽节点。

大连港与辽宁自贸试验区大连片区（大连保税区）协同对接“一带一路”倡议，推出《助力自贸试验区建设 53 项创新举措责任分解方案》，实现“连欧”国际班列常态化运营，主动融入“一带一路”倡议，完善港航综合配套体系。目前，以辽满欧为主通道，大连已经与沿线国家合作，开通了多条中欧过境班列，形成遍布“一带一路”沿线的航运网络，真正实现了海铁联运无缝衔接，集装箱运量年均增幅 150%。宁波舟山港全面融入“一带一路”、长江经济带、中国（浙江）自由贸易试验区等开放平台，充分拓展“朋友圈”，积极打造“一带一路”海、陆运输综合枢纽与中转节点。近年来，辽宁自贸试验区大连片区充分发挥得天独厚的口岸资源优势和政策功能优势，先后开通直达俄罗斯、斯洛伐克、哈萨克斯坦等国家的中欧班列精品线路，逐步构建起以大连港为转运中心的国际物流通道。2021 年辽港集团直发中欧班列 122 列次，占大连市中欧班列 86%市场份额；去程班列完成 77 列，货物来源地主要为东南沿海各港；接卸回程中欧班列 35 列，主要由俄罗斯发往国内，去回程重箱率均为 100%，全年班列总货值 2.6 亿美元，总货重 9 万吨。大连片区深度融入“一带一路”建设，服务国内国际双循环发展新格局蹄疾步稳。近期，辽宁自贸试验区大连片区积极服务辽港集团，新开通万海/运达越南线、宏海/高丽/海丰/新加坡私人海运东南亚线、海陆亚洲东南亚线、达飞越南线 4 条东南亚集装箱航线，使大连港东南亚集装箱航线增至 23 条，带来业务增量

约 6.1 万 TEU。借助这些航线，东南亚的香蕉等热带水果、板材等建筑用品、橡胶及轮胎等橡胶制品、木薯淀粉及相关原材料产品将以更低廉的价格进入国内；化工品、豆类、赖氨酸等粮食、冷藏货源、服装、塑料等民生产品的出口成本将大幅降低。辽宁自贸试验区大连片区助力区内企业大连航空开通大连—合肥—南宁航线，架起了联结东北亚国际航运中心大连和中国—东盟博览会永久举办地南宁的空中桥梁；同时大连航空又加密大连—成都航线，直飞成都“一市两场”由每天往返 4 班增加到 6 班，形成东北—西南双向互动的开放模式，将更好满足 RCEP 背景下的航空运输服务需求、加快推动航空运输产业融合发展，提升国际航空枢纽建设竞争力。借助海陆空新航线的持续开通，大连自贸片区将全面构建起“辐射日韩，连接东南亚，连通欧美”的国际物流大通道，进一步强化大连口岸在“一带一路”和 RCEP 中的战略地位和引领作用。

在对接“21 世纪海上丝绸之路”方面，宁波舟山港不断拓宽其航运辐射面，沿线航线数量从 2013 年的 72 条增至 2018 年的 90 余条，全年航班数量从 3 654 班升至近 5 000 班，全年箱量从 753 万标准箱增至超 1 000 万标准箱。在对接“丝绸之路经济带”方面，充分发挥铁路直通港区等综合服务优势，加快拓展海铁联运业务，对接沿线重要地区，将运输班列延伸到中国内陆省份，进而连接中亚、东欧等国家及地区。2019 年，宁波舟山港海铁联运业务量达 60.3 万标箱，同比增长 38.79%[①]，进一步巩固了其作为海铁联运南方第一大港的地位。宁波舟山港已与重庆、武汉、马鞍山等 20 多家沿江港口建立了江海联运合作机制，有效提升了江海运输效率，增进了区域互联互通。宁波舟山港已经成为衔接服务中西部广大腹地与“一带一路”沿线国家和地区的战略支点。

广州港充分发挥广东自贸试验区南沙片区和机场综保区的引擎驱动作用，以南沙海港作为母港，在周边腹地建立“无水港”，促进内陆地区建立具有“一站式”港口服务功能的物流中心，目前已建成 10 个“无水港”。南沙对内陆腹地和国际航运物流吸引力和带动力更加明显，自贸试验区功能优势得到辐射拓展。目前，南沙港已有国际航线 63 条，逐步成为连接内河、贯通

① http://www.nbdpc.gov.cn/

海上丝绸之路的航运新枢纽。以珠三角世界级港口群、机场群布局为基础，稳步推进国际联通大枢纽建设，不断加大对沿线国家主要城市的航线覆盖密度；同时，坚持市场主导，深入推进海铁联运，不断提升中欧班列运营水平。为了推进铁路—海运多式联运发展，广州南沙港早在 2020 年 9 月就实现了与广州中欧班列的联动，以“铁—公—水”跨境联运方式打通“中亚—广州—东南亚”物流通道，贯通“丝绸之路经济带”和“21 世纪海上丝绸之路”。2021 年 12 月 31 日，南沙港铁路建成通车，成为首条进入南沙自贸试验区的货运铁路，打通海铁联运最后一公里，直接服务南沙港区集疏运和临港产业发展，为内陆地区打造便捷高效的出海口。南沙港初步形成集公路、铁路、港口为一体的大湾区综合物流枢纽。广州海关以南沙港铁路建成为契机，支持企业结合南沙港铁路设计多式联运物流方案，助力探索“一单到底＋一票结算＋一次委托＋一口报价”的海铁联运全程提单物流模式，大幅提升南沙港区货运集疏能力。为保障货物快速通关，广州海关所属南沙海关提前了解企业进出口计划和班轮靠泊时间，指导企业应用“提前申报”“收发货人免于到场查验”等通关便利化举措，快速办理通关手续。目前，南沙已开通“湘粤非”国际海铁联运通道、中欧班列、中亚班列等多式联运通道，拥有辐射泛珠三角主要地区的海铁联运班列 29 条。2022 年一季度海铁联运箱量达 6 000 标箱，同比增长 25.6%。

第四章　上海国际航运中心与临港新片区联动发展的现状与瓶颈制约

第一节　上海国际航运中心与临港新片区联动发展的现状

一、海港空港枢纽地位逐渐提升

（一）海港枢纽地位日益巩固

上海港水域面积3 620.2平方公里。其中长江口水域3 580平方公里，黄浦江水域33平方公里，港区陆域7.2平方公里。海港港区陆域由长江口南岸港区、杭州湾北岸港区、黄浦江港区、洋山深水港区组成。

图4-1　上海洋山港码头

上海洋山港区作为临港新片区内的重要港口，从基础设施质量、业务吞吐量、作业效率等多方面达到世界领先水平，是支撑上海国际航运中心海港枢纽能力提升的重要组成部分。上海洋山港建成后，上海港集装箱吞吐量连续十二年位居世界第一。2021 年，上海港集装箱吞吐量达 4 703.3 万标箱，连续 12 年蝉联集装箱吞吐量世界第一，其中洋山港贡献了 2 281.3 万标箱，吞吐量比上年增长 12.8%，为上海港集装箱吞吐量实现 8.1%的增幅做出重大贡献。同年，洋山港出入境(港)的船舶达到 8 100 多艘次，虽较上年同期下降 2.6%，但全年靠泊的 1.8 万标箱级的大船稳定在 1 200 艘次以上。上海港的国际航线超 300 条，其中从洋山港出发的有 80 多条，且以远洋航线为主。为进一步提升通关效率，洋山海关全面推行了“提前申报”通关模式，合理优化海关审单、税费征收等环节，实现查验货物“到岸查验——快速通关”流程无缝衔接，无布控查验要求的货物抵港后即放行。同时，通过数据交互，实现货物装卸、储存、交付、发运全流程电子信息化流转。凭海关电子放行信息，货物直接进入可提货状态或者装船发运，最大程度压缩在港停留时间，实现通关“零等待”。

表 4-1　2021 年全球前 20 大集装箱港口(TEU)

序号	港口	2021 年	2020 年	同比增长(%)
1	上海	47 030 300	43 503 400	8.1
2	新加坡	37 470 000	36 870 900	1.6
3	宁波—舟山	31 070 000	28 720 000	8.2
4	深圳	28 767 600	26 550 000	8.4
5	广州	24 180 000	23 505 300	2.9
6	青岛	23 710 000	22 010 000	7.7
7	釜山	22 706 130	21 824 000	4.0
8	天津	20 269 400	18 353 100	10.4
9	香港	17 798 000	17 953 000	−0.9
10	鹿特丹	15 300 000	14 349 446	6.6
11	迪拜	13 742 000	13 488 000	1.9
12	巴生	13 724 460	13 244 423	3.6

（续表）

序号	港口	2021 年	2020 年	同比增长(%)
13	厦门	12 045 700	11 410 000	5.6
14	安特卫普	12 020 000	12 031 469	−0.1
15	丹戎帕拉帕斯港	11 200 000	9 800 000	14.3
16	洛杉矶	10 677 610	9 213 400	15.9
17	高雄	9 864 448	9 621 662	2.5
18	长滩	9 384 368	8 113 300	15.7
19	纽约/新泽西	8 985 929	7 585 819	18.5
20	汉堡	8 715 000	8 540 000	2.0

数据来源：Alphaliner

（二）空港枢纽能力不断提升

浦东机场是国际著名航空枢纽。2019 年浦东国际机场全球最大单体卫星厅启用，开启“航站楼＋卫星厅”的一体化运营模式新篇章，中转承载量、航班靠桥率、放行正常率等关键指标均稳步提高，显著改善旅客出行体验，进一步强化了浦东国际机场的枢纽中转功能。2021 年，浦东机场完成旅客吞吐量 3 220 万人次，相比 2020 年同期增长了 173 万人次，同比增长 5.7%。上海浦东机场完成货运吞吐量 398.26 万吨，继续保持大陆机场第一位。作为全球前三、境内第一的国际航空货运枢纽，浦东机场货运航线网络覆盖全球 48 个国家/地区 251 个航点，有 59 家境外航空公司、10 家国内航空公司在浦东机场运营国际货运业务。浦东机场出入境货运量占总量的 93.7%，保障了境内机场超四成的出入境货运量。目前，浦东国际机场和虹桥国际机场拥有 4 座航站楼加全球最大单体卫星厅、6 条跑道，5 个货运区，设计年吞吐能力为旅客 1.2 亿人次、货邮 520 万吨。

为了积极响应国家长三角一体化发展战略，加快长三角区域互通互联，贯彻落实上海国际航运中心建设“十四五”规划，服务公众高质量出行需求。一方面，浦东机场积极开展四期扩建工程。浦东机场四期扩建工程主要包括航站区、飞行区、旅客捷运、市政配套、新东货运区、附属配套等六大项目，浦东机场四期扩建工程航站区采用航站楼与交通中心一体化设计，实现旅客零换乘的服务目标。另一方面，浦东机场积极发展航空配套产业。2021年9月1日，临港新片区管委会发布《中国（上海）自由贸易试验区临港新片区民用航空产业规划（2021—2025）》，提出临港新片区民用航空产业规模要达到500亿元；集聚100家民用航空企业，其中10亿级产值企业3家。大飞机方面，推动ARJ21系列化发展、C919示范运营、CR929宽体客机研制，实现国产干支线飞机批量生产。航空发动机方面，初步实现商用航空发动机技术成功，长江系列产品研制取得关键性突破，产品技术性能达标，主要产品进入飞行台试验验证阶段，建立起比较健全的商用航空发动机自主研发体系，基本实现自主创新战略转型。

浦东机场服务质量也受到国际好评，2021年3月1日，国际机场协会公布2020年度机场服务质量旅客满意度项目评选结果，上海浦东国际机场在全球348家机场中排名第一，荣获“2020年度亚太地区4 000万以上级最佳机场”奖项。自2010年起，浦东机场ACI旅客满意度测评分值已连续11年位列全球机场前10位。

二、航运服务功能不断创新

为了提升上海航运服务功能，依托临港新片区，上海不断探索沿海捎带、国际船舶登记、国际中转集拼等航运服务功能，以提高对国际航线、货物资源的集聚和配置能力。

（一）沿海捎带业务试点运行

沿海捎带业务是指在中国沿海港口之间从事外贸集装箱的国内段运输业务。早在2013年，我国就开始实施沿海捎带业务政策，截至2021年12月，中央政府和地方政府发布沿海捎带业务相关政策见表4-2。

表4-2 沿海捎带业务的相关政策

政策发布日期	公布主体	文件名称	具体内容
2013年9月27日	国务院	《中国（上海）自由贸易试验区总体方案》	允许中资公司拥有或控股拥有的非五星旗船先试行进出口集装箱籍在国内沿海港口和上海港之间的沿海捎带业务

（续表）

政策发布日期	公布主体	文件名称	具体内容
2013年9月29日	交通运输部、上海市市政府	《关于落实〈中国（上海）自由贸易试验区总体方案〉加快推进上海国际航运中心建设的实施意见》	允许中资航运公司利用自有或控股拥有的非五星旗国际航行船舶，先行先试外贸进出口集装箱在国内开放港口与上海港之间（以上海港为中转港）的沿海捎带业务
2015年4月20日	国务院	《进一步深化中国（上海）自由贸易试验区改革方案》	优化沿海捎带业务监管模式、提高中资非五星旗船沿海捎带业务通关效率
		《中国（福建）自由贸易试验区总体方案》《中国（广东）自由贸易试验区总体方案》《中国（天津）自由贸易试验区总体方案》	允许中资公司拥有或控股拥有的非五星旗船先试行进出口集装箱籍在国内沿海港口和自由贸易试验区内港口之间的沿海捎带业务
2015年6月5日	交通运输部	《关于在国家自由贸易试验区试点若干海运政策的公告》	注册在境内的中资航运公司可利用其全资或控股拥有的非五星红旗国际航行船舶，经营以自贸区开放港口为国际中转港的外贸进出口集装箱在国内沿海对外开放港口与自贸区开放港口之间的捎带业务
2017年3月15日	国务院	《中国（湖北）自由贸易试验区总体方案》	扩大内外贸同船运输、国轮捎带运输适用范围，提升运力自由综合效能
		《中国（四川）自由贸易试验区总体方案》	支持开展内外贸同船运输、国轮晒到业务
		《中国（辽宁）自由贸易试验区总体方案》《中国（浙江）自由贸易试验区总体方案》	优化沿海捎带业务监管模式，提高中资非五星旗船沿海捎带业务通关效率

（续表）

政策发布日期	公布主体	文件名称	具体内容
2018年6月24日	上海市政府	《上海国际航运中心建设三年行动计划(2018—2020)》	进一步拓展沿海捎带、中转集拼、启运港退税等业务规模
2018年7月25日	交通运输部	《贯彻落实〈中共中央国务院关于支持海南全面深化改革开放的指导意见〉实施方案》	允许中资非五星红旗船舶开展以海南自由贸易试验区港口为国际中转港的沿海捎带范围
2018年10月16日	国务院	《中国(海南)自由贸易试验区总体方案》	扩大内外贸同船运输、国轮捎带运输适用范围
2019年8月6日	国务院	《中国(上海)自由贸易试验区临港新片区总体方案》	在沿海捎带等方面加强探索、扩大中资方便旗船沿海捎带政策实施效果，研究对等原则下允许外籍国际航行船舶开展以洋山港为国际航运中转港的外贸集装箱籍沿海捎带业务
2020年1月21日	交通运输部	《关于大力推进海运业务高质量发展的指导意见》	进一步扩大中资非五行旗船舶沿海捎带政策实施效果，推动优化监管方式。在确保有效监管、风险可控前提下，对境内制造船舶在“中国洋山港”登记从事国际运输的，视为出口，给予出口退税
2020年9月21日	国务院	《中国(浙江)自由贸易试验区临港新片区总体方案》	允许种子非五行旗船舶开展以宁波舟山港为中转港的外贸集装箱沿海捎带业务。设立国际转口集拼中转业务仓库，建设国际中转集拼中心

（续表）

政策发布日期	公布主体	文件名称	具体内容
2020年11月5日	上海市政府	《上海市关于推进贸易高质量发展的实施意见》	研究在对等原则下，允许外籍国际航行船舶开展以洋山港为国际中转港的外贸集装箱沿海捎带业务
2021年4月17日	上海市政府	《"十四五"时期提升上海国际贸易中心能级规划》	在高端装备制造、邮轮保养和船供、沿海捎带、多式联运等方面推进科学化、智能化、便利化监管模式
2021年7月22日	上海市政府	《中国(上海)自由贸易试验区临港新片区发展"十四五"规划》	进一步完善"中国洋山"籍船舶登记管理制度，扩大沿海捎带政策适用范围，积极探索发展国际中转集拼业务
2021年11月9日	国务院	《关于同意在中国(上海)自由贸易试验区临港新片区暂时调整实施有关行政法规规定的批复》	在中国(上海)自由贸易试验区临港新片区内允许符合条件的外国、香港特别行政区和澳门特别行政区国际集装箱班轮公司利用其全资或控股拥有的非五星旗国际航行船舶，开展大连港、天津港、青岛港与上海港洋山港区之间，以上海港洋山港港区为国际中转港的外贸集装箱沿海捎带业务试点

资料来源：根据国务院、交通运输部和上海市政府发布的相关文件整理

自从上海自由贸易试验区允许开展中资外籍船舶沿海运输捎带业务以来，效果不尽如人意，主要体现在三个方面：一是业务量较少，中国远洋海运集团共有156条船舶具备沿海捎带资质(含五星红旗和方便旗)，所涉及的港口及运输货量每年在8万～9万TEU。但从目前的运行航线来看，中远海运集运公司主要由两条国际航线船舶开展沿海捎带业务，一条是欧洲线AEU3，目前共投入11艘船舶，另一条是东南亚线PA1，目前共投入5艘船

舶，投入从事沿海运输捎带的船舶占比只有10.2%。二是货物流较少，开展沿海捎带业务的货物流向仅为经上海中转进口至天津、青岛，出口集装箱沿海捎带业务几乎没有；三是运行的船公司较少，目前沿海捎带只能惠及中资外籍船，但是对于许多船公司，都是长期租用自己融资的海外子公司的船舶，但是这些海外子公司并不是中国公司，造成沿海运输捎带受众面受限。

（二）国际中转集拼业务逐渐开展

1. 国际中转集拼优势

国际中转集拼业务是指境外货物运抵港口后，在特殊区域内拆箱分拣，并根据不同目的港再运送出境的一种港口物流业务，是衡量一个国际枢纽港口发展程度的重要指标。进出境中转集拼货物，包括需在境内拆拼的国际转运货物、与国际转运货物拼箱进境并在境内拆箱的进口货物及与国际转运货物拼箱出境的出口货物。国际中转集拼业务主要有四大优势：

1）避免国际中转货物两次申报

在国际中转集拼业务推出前，国际中转货物会产生两次申报，进入我国海关特殊监管区需办理产品进境备案申报和进境手续，在与境内区外入区货物拼箱后再一道出区离境时须办理产品出境备案申报和出境手续，即国际中转货物在我国内地港口会产生两次申报、手续办理与监管等费用，提高了国际中转货物运行成本，难以与韩国釜山港、中国香港、新加坡港等国际中转港竞争。在国际中转集拼业务试点后，相关货物运抵指定港口后，可直接在海关特殊监管区域内拆箱、分拣、重新装箱和装运出境，大大节省转运时间和成本。

2）缩短出口退税时间

通过一般贸易方式进行的出口集拼业务，实际发货人要等到货物实际装船离境后，才能取得出口报关单退税联办理退税，但保税买断出口中转集拼业务，则充分利用综合保税区“入区即退税”的政策优势以及提前报关、验放前置的贸易便利化措施，使得集拼货物在进入综合保税区后即可享受退税，为企业提供了一个更加便捷和低成本的物流模式。

3）便利出口退运货物再转口

在国外销售不对路的商品退回保税物流中心后，可凭借国际中转集拼业务和国际中转货物集拼后再转口到其他国家销售，可降低出口退运货物的转口操作费用，特别是出口运输费和保险费，并给予企业更多进出口选择，有效提升经营灵活性和市场竞争力。

4)促进港口功能提升和港航服务要素集聚

当前，韩国釜山和新加坡港因较为成熟的国际中转集拼业务享誉世界，中国很多非大宗商品需要在这些港口中转，完成拼箱，再发到目的地，导致中国港口货源分流，也难以吸引国际中转货物。如果国际中转集拼业务在内地港口全面铺开，则可大大节省国内货物的转运时间和成本，并增强对国际中转货物的吸引力，对平衡口岸集装箱进出结构、吸引跨国采购、全球分拨配送等高附加值物流服务向枢纽港和自贸试验区(特别是沿海自贸试验区)聚集具有巨大促进作用，对提升上海港在全球物流产业链和价值链中的地位也具有重要意义。

2. 临港新片区港口国际中转集拼业务发展

临港新片区开展中转集拼业务时间已久，但处于小规模发展阶段。2012 年 12 月，临港新片区内洋山港在全国率先启动了国际中转集拼业务。此后，洋山港口的国际中转集拼业务一直处于小规模运作阶段。国家海关总署 2018 年第 120 号公告《关于海运进出境中转集拼货物海关监管事项的公告》实施以来，全国各主要海运口岸均在中转集拼业务上积极探索和实践，但均未实现跨关区中转集拼。2020 年 7 月，国内首单跨关区国际中转集拼业务试单在上海自贸区临港新片区完成。丹麦得斯威国际货运公司在上海海关隶属洋山海关全程监管下，将采购自德国汉堡的汽车零部件等货物在上海深水港国际物流有限公司所属国际中转集拼仓库进行拆箱，与其他货物重新拼箱后运往上海外高桥港区，重新出口至东南亚和日本等地。然而，截至 2021 年底，洋山港口国际中转集拼业务量在港口吞吐量中所占比例仅为 10%左右，尚未形成规模化运作。而新加坡、釜山、中国香港等国际航运中心的国际中转业务所占比例均超过 50%，其中新加坡达到 80%以上。洋山港口国际中转集拼业务对航运中心建设的贡献未能达到预期的程度。

3. 临港新片区机场国际中转集拼业务发展

航空快件国际中转集拼业务是指境外货物经过国际航班运抵机场，在临机场区域内拆箱进行分拣，根据不同的目的地重新装箱后再次运送出境的机场物流业务，这将有效提升国际货运中转效率。

国际中转集拼业务发展离不开物流园区的建设，浦东机场一直致力于推动空港物流园区建设。2016年12月，上海市发展改革委发布《上海市现代物流业发展“十三五”规划》，明确提出到2020年，上海将全面构建高效连接全球、服务辐射全国、线上线下联动的开放式、一体化物流业发展新格局，建立体现“智慧互联、高效便捷、绿色低碳、高端增值”特征的物流业发展新模式，成为具有全球影响力的国际物流枢纽城市和供应链资源配置中心。还提出重点建设五大物流园区、四类专业物流基地。其中，浦东空港物流园区的任务是与外高桥物流园区、深水港物流园区一同构成东部沿海三大物流园区，对接国际，以上海自贸试验区保税区域为引领，强化临港、临空产业与现代物流业的联动，进一步优化国际物流环境，建立开放型经济新体制。

浦东机场货运枢纽发展迅速。浦东机场于2013年11月启动航空快件国际中转集拼业务试点，由DHL作为试点承运企业。浦东机场是我国第一个实施航空货物中转集拼业务的机场。但目前浦东机场中转集拼业务依然处于初步发展阶段。从世界主要机场货物中转率来看，美国孟菲斯机场、香港机场的国际货物中转比率均在50%以上，仁川机场国际货物中转率为39.8%，新加坡樟宜机场国际货物中转量为33%，而浦东机场货物中转比例不到5%。2018年1月8日，位于上海浦东机场的联邦快递上海国际快件和货运中心正式启用。自此，全球三大国际物流集成商—美国联邦快递、德国邮政敦豪和美国联合包裹均在上海设立了专属的国际货运中心。浦东机场也由此成为世界上唯一的全球三大国际物流集成商都进驻的机场，浦东机场的货运枢纽建设已进入新的阶段。

（三）国际船舶登记效率逐渐提高

国际船舶登记制度的构建和实施，有利于提升我国的航运经济实力，促进航运产业的转型发展。一方面，该制度有利于扩大我国的国轮规模，增加我国的航运收入，带动船舶及其相关制造行业、服务行业、海事仲裁、海损理算、港口建筑等一大批相关产业的发展。另一方面，该制度注重运用优化我国航运资源和相关软环境，使得航运产业及其配套设施进行最佳配置，促进航运产业更好地转型发展。

洋山保税港区试行船舶登记历史已久。早在2011年，上海洋山保税港区对国际船舶登记制度率先进行探索创新，试行国际船舶登记试行退税保税方案，适用于洋山保税港区内注册企业拥有的或从境外租的从事国际航运船舶。这一创新突破，对于吸引中资国际航运船舶回归登记，促进中国航运企业更平等地参与国际竞争具有积极作用。2014年，上海自由贸易区制定了《中国（上海）自由贸易试验区国际船舶登记制度试点方案》，内容包括适度放宽船舶登记条件、简化登记手续、降低登记税费、放宽登记船舶船龄标准、增设船舶融资租赁登记等，这不仅为建设上海国际航运中心建设提供了制度创新支持，也为其他港区试行国际船舶登记制度起到了示范作用。

自从中国（上海）自贸试验区挂牌成立以来，船舶登记制度不断推陈出新，船舶登记效率逐渐提高，但总体收效甚微。一是特案免税登记船舶数量不尽如人意。据上海海事局提供数据，在2014—2019年间，每年上海自贸试验区内以特案免税登记的船舶艘数少则12艘，最多仅达25艘，在上海港注册登记的国际航行船舶总数中所占比重不超过6.5%（见表4-3）。二是“中国洋山港”登记船舶数量十分有限。截至2019年底，“中国洋山港”籍登记船舶数量累计仅2艘。临港新片区揭牌成立后，中远海运发展股份有限公司所属“新洋山”轮，完成“中国洋山港”籍船舶登记相关手续，成为目前现有的第三艘“中国洋山港”籍登记船舶。总而言之，目前临港新片区内国际船舶登记业务依旧没有形成规模。

表4-3　2014—2019年上海港船舶登记数量

年份	2014	2015	2016	2017	2018	2019
上海港注册登记船舶（艘数）	2290	2251	2252	2223	2211	2181
上海注册登记国际航行船舶（艘数）	385	416	395	418	411	418
特案免税登记船舶（艘）	25	17	15	12	13	16
特案免税登记船舶在国际航行船舶登记中所占比重（%）	6.5	4.1	3.8	2.9	3.2	3.8

资料来源：上海海事局

三、智慧港航建设迅速发展

(一)智慧港口服务平台日趋完善

应用数字化、智能化创新技术,突破传统港口物流的界限,强化对物流链资源的整合与集成能力,在更高层面上优化资源配置,不断提高港口物流效率和服务品质,是未来港口发展的必然趋势。智慧港口建设呈现运营更智能、物流链服务更协同、数据应用服务更无界、国际贸易更便利、港口业务模式创新更开放、港口生态圈更和谐的发展趋势,新的变革蕴藏着无限的机遇和可能。受新冠肺炎疫情影响,全球产业链和供应链运作模式面临调整,数字化、平台化和智能化进程将显著加快,港口发展只有顺应时代变化,才能巩固和提升在全球贸易和港航供应链中的地位。

目前,上海依托临港新片区内的洋山港,在智慧港口建设方面取得了迅速发展。全球最大集装箱自动化码头——洋山四期码头于2017年底开港试运行。这是当今全球规模最大、自动化程度最高的港区,港口集装箱从港区装卸到码头运输、仓储全部实现自动化运作,生产作业实现零排放。四期工程码头所用岸桥、轨道吊、自动导引运输车、设备控制以及生产调度系统全部为自主研发制造,码头运行的核心技术实现全国产化。伴随着洋山自动化码头的高效运行,上海港持续推进新技术在传统码头的升级改造,实现全场智能调度、设备远程操控、智能安防预警和自动驾驶集卡等综合应用。同时,上港集团积极运用"互联网+"思维,利用"大、云、物、移、智"等信息化技术,相继建成并投入使用港口受理中心一站式服务、电子设备交接单、"e卡纵横"集卡预约服务、上海口岸电子EIR平台、长江集装箱江海联运综合服务等平台,这些平台在临港新片区以内的洋山港和临港新片区以外的外高桥等港区之间形成业务协同,并将与筹建中的全球航运商业网络开展流程协作和数据互通,一站式完成各项业务,助力打造便捷、高效、透明的口岸营商环境,不断提升上海港智能化水平和高效率作业能力。跨境贸易管理大数据平台初步建成,口岸通关各环节基本实现无纸化,港口业务无纸化率达100%。

(二)智能航运监管能力不断提升

面对智能航运发展,洋山港海事局在信息化服务和辅助行业管理方面不断创新，通过大数据分析、云计算、物联网、北斗导航、航海保障等技术手段，不断提升航行安全风险防控和风险监测预警能力，同时针对智能航运不断建立和完善法规标准和监管模式。

在船载集装箱智能监管方面，洋山港海事局与洋山深水港四期码头联合开发“E 核载”船载危险品集装箱智能监控系统，该系统在 2019 年 11 月上线，实现了对船舶载运危险品集装箱的全方位监管和全过程监控，为保障自贸区临港新片区安全高效运行，保障船舶运输安全，提升港口营运效率方面发挥了十分重要的作用。该系统具有四大特点：一是全面性。该系统整合了来自海事申报审核系统的危险货物申报信息和自动化码头作业管控系统的装卸作业信息，能够对所有进出港船舶载运和装卸的危险货物集装箱进行监督。二是智能性。该系统能够自动提取船舶载运的危险货物信息，对船载危险货物的积载、隔离情况进行核查，实现自动抓取、自动比对、自动提醒的功能，提升海事智能化监管水平。三是实效性。该系统能够实时获取船舶装卸货信息，及时对危险货物集装箱的实际装载位置进行核查，弥补了传统监监管方式中仅能对装载计划进行核查的弊端。四是可追溯性。该系统利用数据交换网络的便捷性，实现数据处理模式从线下收集和分析向线上自动流转和共享的转变，使危险货物集装箱的运输具有可追溯性。

在提高集装箱查验和通关效率方面，上海海事部门积极联合相关单位，创新研发应用海运集装箱重量验证（VGM）智能监管系统，从顶层设计、规则制定、实际需求等方面推动海事监管与智能航运协同发展，满足高能级航运枢纽更高效、更安全、更环保、更舒适的要求。2020 年 9 月 29 日，VGM 系统在洋山港盛东码头进行试运行，通过关口前移，对货物集装箱实际磅重与预报重量进行自动比对，提前发现超标或超重集装箱，有效提升了集装箱运输安全和码头装卸作业安全，解决了以往海事执法人员及码头工作人员在前期审核中需要大量查阅不同单证、进行人工比对、易出现信息疏漏和效率低下的问题。该系统具有四大优点：一是优化集装箱重量验证监管模式。该系统解决了人工比对中容易出现的信息缺漏、效率低下的问题，有效实现了信息数据线上“多跑路”，工作人员线下“少跑路”的目标，提高了港口集装箱重量的验证效率。二是实现 VGM 信息多方共享。该系统实现了船公司、托运人或其代理、码头与海事监管部门之间 VGM 信息数据的共享共通，有利于托运人、承运人及码头落实安全生产主体责任，搭建了共管共治平台，助力良好营商环境构建。三是有效提升集装箱运输安全性。该系统除实现直接出口集装箱信息的全覆盖外，还覆盖了部分从港区装船的水水中转的集装箱，对目标箱从申报到装船实现全程闭环监控。四是实现便利快捷通关。载货集装箱进港后，通过智能化筛选，对疑似超标集装箱进行现场称重查验后，如发现申报不准的情况，可由系统实时通知相关方。经整改后，相关方通过系统重新如实申报 VGM 后，集装箱即可实时恢复出港动态，在船舶离港前完成装船顺利出运，实现了码头运行无阻滞、货物便捷通关。

四、绿色港口建设不断推进

（一）严格实施船舶排放管控措施

中央政府十分重视船舶排放管控。2015 年交通运输部发布了《珠三角、长三角、环渤海（京津冀）水域船舶排放控制区实施方案》后，上海市高度重视船舶排放控制区政策的实施，在交通运输部的统一部署下，2016 年 4 月 1 日，上海港率先实施长三角船舶排放控制区第一阶段措施。近年来，上海市对进入排放控制区和靠港船舶的燃油含硫量采取了严格的限定措施。为具体落实国家有关政策和减少船舶污染，从船舶燃油硫含量、燃油供应、岸电建设和使用、清洁能源布局等方面出台了具体措施（详见表 4－4），推进了船舶排放控制区政策的生效落实。

表 4－4　上海港实施船舶排放控制区政策的相关措施汇总表

出台时间	具体措施	主要内容	目的
2016 年 2 月 1 日	上海港实施船舶排放控制区工作方案	制定上海港实施船舶排放控制区的总体要求和具体措施及责任部门	从市级层面明确了上海港实施船舶排放控制的顶层设计

（续表）

出台时间	具体措施	主要内容	目的
2016年2月7日	关于上海港实施船舶排放控制区的通告	自2016年4月1日起，国际航行船舶和国内沿海航行船舶在靠岸停泊期间（靠港后的一小时和离港前的一小时除外）应使用硫含量不大于0.50%的船用燃油；内河船舶和江海直达船应使用符合GB252标准的柴油	在上海港提前实施国家关于船舶排放控制区政策
2016年3月26日	关于加强船舶排放控制区监督管理工作的通知	细化船舶遵守船舶排放控制区政策的具体要求，公布《上海海事局船舶排放控制区监督管理指南》	规范船舶排放控制区现场检查内容和标准，便于船舶遵守相关要求
2016年7月29日	新修订的《上海市环境保护条例》	船舶在上海港口水域航行、作业、靠泊时，应当符合本市船舶排放相关要求。进入国家确定的船舶大气污染物排放控制区时，应当使用符合要求的燃油；需要转换燃油的，应当记录燃油转换信息。船舶进港靠泊，具备岸电使用条件的，靠泊期间应当使用岸电。明确了具体的违法责任	将船舶遵守船舶排放控制区的相关要求上升到地方立法层面
2017年10月27日	关于转发《关于做好全国全面供应硫含量不大于10ppm普通柴油有关工作的通知》等文件的通知	内河船舶在2017年11月1日及以后加装的普通柴油，其硫含量不得大于10ppm	提高内河船舶燃油硫含量标准

（续表）

出台时间	具体措施	主要内容	目的
2018年4月10日	长三角船舶排放控制区实施指南	长三角船舶排放控制区海船监管指南和长三角船舶排放控制区内河船舶监管指南	推动区域船舶排放控制区"政策统一、标准统一、执法统一"
2018年5月8日	长三角船舶排放控制区"岸电应用试点港区"工作方案	确定将上海吴淞国际邮轮港（码头）、江苏南通港通海港区、宁波舟山港穿山港区作为岸电应用试点港区。尝试推进"岸电使用成本分摊机制"和试点港区还将构建生态补偿与保护长效机制	推进岸电应用试点
2018年8月27日	关于上海港提前实施在航船舶排放控制措施的通告	自2018年10月1日起，国际航行船舶和国内沿海航行船舶在航行过程中进入上海港即应使用硫含量不超过0.50%的船用燃油	做好2018年中国国际进口博览会环境空气质量保障，促进船舶减排
2018年11月8日	上海天然气加注码头布局规划	共布局天然气加注码头11处，预留2处，主要分布于长江、黄浦江和部分内河高等级航道沿线以及洋山深水港区和外高桥、芦潮港两处内河港区	完善水上天然气加注体系，加快推进LNG加注码头建设
2018年12月20日	上海市大气污染防治条例	原油成品油码头、原油成品油运输船舶等应当配备挥发性有机物回收装置并保持正常使用	加强对油船油码头挥发性有机物的回收

（续表）

出台时间	具体措施	主要内容	目的
2018年12月28日	关于做好近期成品油市场供应相关工作的通知	自2019年1月1日起上海市停止销售普通柴油，实现车用柴油、普通柴油、部分船舶用油的“三油并轨”	统一内河船用燃油供应标准
2019年1月9日	关于进一步加强船舶大气污染物排放控制区和能耗数据收集监督管理工作的通知	转发《船舶大气污染物排放控制区实施方案》和《交通运输部海事局关于规范实施船舶大气污染物排放控制区监督管理工作的通知》，并对相关要求细化	明确《船舶大气污染物排放控制区实施方案》生效后上海港的具体要求
2019年6月4日	上海市港口岸电建设方案	到2020年底，集装箱泊位至少建成29个岸电泊位、客货滚装泊位至少建成21个岸电泊位、邮轮泊位至少建成3个岸电泊位、3000t级及以上客运泊位至少建设3个岸电泊位、5万t级以上干散货泊位至少建设10个岸电泊位	有序推进港口岸电建设
2020年3月24日	上海市港口和船舶岸电管理办法实施细则	加快推进岸电建设、持续提高岸电使用率、提升岸电服务能力、保障供电安全	规范岸电建设、验收、使用管理要求，保障岸电供电质量和供电安全

资料来源：上海市人民政府、上海市交通委员会网站

经统计，自2016年4月1日至2021年3月31日，在船舶排放控制区实施5年内，对于三种类型的船舶，上海海事局共检查国际航行船舶3 318艘次、国内沿海航行船舶11 415艘次、内河船舶和江海直达船舶9 325艘次，分

别进行燃油取样检测 1 333 艘次、3 993 艘次、3 249 艘次，发现使用燃油硫含量不达标船舶 42 艘次、77 艘次、616 艘次。使用燃油硫含量不达标的船舶主要集中在内河船舶和江海直达船舶，主要是因为排放控制区政策实施以来，内河船舶和江海直达船舶使用燃油硫含量的控制标准从 350ppm 迅速提高到了 10ppm。

上海实施船舶排放控制区管控措施，取得了明显效果，具体有两点：一是上海港大气环境质量得到明显改善。船舶排放控制区政策实施以来，海船燃料油中的硫含量最高限值从 3.5%下降到了 0.5%，下降了约 85%；内河船舶燃料油中的硫含量最高限值从 350ppm 下降到了 10ppm，下降了约 97%，船舶使用燃油硫含量从源头上得到了明显的控制，进而减少了船舶尾气中硫氧化物和颗粒物的排放数量。二是促进了船舶节能减排技术的加速应用。船舶排放控制区政策实施后，为确保船舶尾气排放合规，船东主要的解决方案有使用低硫燃料、安装脱硫设备和使用 LNG 等清洁能源等方式。除了船舶改用低硫燃油外，安装脱硫设备和到港使用岸电也是船东的优先选择。上海已有多家企业和科研单位参与到了船舶节能减排技术的研究和应用之中，并取得了较好的成绩，有力地推进了船舶节能减排技术的加速应用。

（二）完善船舶污染物防治体系

船舶污染物是指船舶在装卸、运输、运行过程中会加注、产生、贮存和排出许多可能对环境造成污染损害的物质。随着长三角城市群的发展和上海国际航运中心建设的推进，上海港水上运输货运量和邮轮旅客日趋增长，船舶作为水上流动污染源，在水环境方面的影响范围越来越大。船舶污染物接收、转运、处置流程主要分为三种模式：第一种是营运船舶—污染物接收船—船或车转运—处置终端；第二种是营运船舶—岸上码头—码头处置终端；第三种是营运船舶—岸上码头—车转运处置终端。上海港船舶油污水、生活污水、垃圾接收转运主要采用的是第一种和第三种模式。

2017 年起，上海内河水域阶段性实施船舶污染物免费接收机制，对船舶含油污水、生活污水、生活垃圾实施免费流动接收，确保污染物应收尽收，规范处置。为了全面系统提升上海港船舶和港口污染防治能力，2020 年 5 月

18日，上海市交通委员会、上海市生态环境局、上海市水务局、上海市绿化和市容管理局、上海海事局和上海组合港管理委员会办公室六部门联合发布《上海港船舶和港口污染突出问题整治方案》，提出用一年时间，分三个阶段开展集中整治，着力解决船舶污水收集处置装置配备不到位和不正常运行、垃圾污水等偷排偷倒、港口接收设施能力不足和与转运处置设施衔接不畅等问题，促进和保障上海港绿色发展，实现“船舶污染物应收尽收，港口污染物规范处置，绿色新能源加快推进”“船舶污染物100%不下水，港口污染物100%不入水”的总体目标。

（三）推进港口清洁能源应用

由于港口通常毗邻海滨城市，港口的可持续发展逐渐受到地方政府的关注，因为港口的能效管理不仅关乎地区的经济发展，其能源消耗、气体排放、废物管理还将极大的影响地区环境。随着技术的发展，太阳能、风能、潮汐能、波浪能等多种可再生能源在港口的应用成为可能，“油改电”“岸电”“新能源船舶”等工程的实施使得港口成为交通物流与能源系统紧密耦合的工业枢纽。

上海港严格实施船舶排放控制区管控措施，推进岸电、LNG集卡、油电混合动力等清洁能源设施、技术在上海港应用。一是积极鼓励靠港船舶使用岸电。上海港已有59个专业化泊位完成岸电设施改造，争取船舶码头泊位实现低压岸电全覆盖。2019年，上海国际港务集团公司统一组织开展岸基供电项目建设，浦东、振东、沪东、明东、盛东、冠东、海通公司岸电建设方案已完成备案程序，计划到2020年年底前完成全部岸电建设任务。2019年1月，上海港成功为中远海运集团20 000TEU级超大型集装箱船舶“中远海运人马座”轮接用岸电，此次船舶岸电连续供电6小时共计13 200度。这是该级超大型集装箱船在全球首次接用岸电成功，标志着冠东码头高压变频岸电上船相关技术和工程保障能力已达到世界先进水平，展示了公司对港口设施进行科技改造后的先进技术成果，为国家推进绿色港口建设、推行节能减排做出了积极贡献。二是积极推进LNG新能源应用。截至2017年年底，上海国际港务（集团）公司下属港区内共有集装箱卡车1 253辆，其中896辆已更换为LNG牵引头。港区已完成75%的RTG设备电动化改造，并有

91 艘 LNG 动力船在内河营运，主要业务范围为煤炭、纸浆、钢卷、矿石等散货运输以及上海市内城市生活垃圾运输、渣土等建筑垃圾运输。截至 2019 年年底上海港内场集卡牵引车 LNG 应用比例达到 90%，轮胎式龙门吊油改电或混合动力比例达 78.0%。

（四）创新绿色监管措施

加强航运污染监管，是保障绿色航运政策实施的必要手段。上海在多方面创新绿色监管措施。①在燃料油监管方面。为了对在航船舶使用燃油硫含量进行有效监测，浦东海事局在使用无人机监测船舶使用燃油硫含量方面取得突破。2019 年 7 月 15 日，浦东海事局首次利用无人机查获在航船舶使用燃油硫含量超标案件。该方案在船舶尾气高效遥测方面取得了突破性的进展，目前自主研发的船舶尾气检测吊舱已获得上海市计量测试技术研究院的认证。尾气遥测数据与登轮取样实测数据误差基本上控制在 0.05%以内，达到国际领先水平。同时，实现燃油硫含量超标目标船快速筛选，开发了船舶尾气监测信息平台，建立了“固定点筛查—无人机核查—执法人员登轮实查”的监管新模式。改变以往盲目登船抽取油样的监管方法，提高了海事执法效率，提升了港口通航效率，促进了上海国际航运中心和自贸试验区绿色发展。②在水上监管方面。2021 年 3 月 1 日，新修订的《上海海事局船舶交通管理系统安全监督管理办法》正式开始实施。上海海事局通过构建“海陆空天一体化”海事监管系统，组建全要素“水上大交管”，全力推动形成“统一指挥、专常兼备、反应灵敏、上下联动”的水上交通安全监管新格局，标志着上海港的船舶交通管理迈上了新台阶，将进一步规范船舶航行行为，保障船舶航行安全、保护水域环境、提高船舶交通效率，将直接惠及上海港日均约 3 000 艘次的各类船舶，并间接为整个长三角区域，以及东海水域的船舶及相关航运公司提供一流的水上交通服务，将进一步促进长三角船舶交通管理系统区域联动，推动水上交通组织一体化运行，为水上大交管建设提供强有力的支撑。③在重点船舶监管方面。浦东海事利用电子巡航、闭路电视监控系统手段对在港重点船舶实施全程监控，结合码头每日报告数据及选船系统制作“防污染重点监管船舶每日在港清单”，对拟靠泊的内河砂石料船舶进行电子核查，对当日适检的防污染重点监管船舶进行任务指派，确保对靠泊辖区的防污染监管重点船舶水污染排放监管全覆盖。

五、高端航运服务产业处于起步阶段

临港新片区于2019年8月份刚刚启动建设，航运服务业主要体现为港口服务业、船舶运输业、航空运输业、船舶供应服务业、航空供应服务业等航运基础服务业，且航运企业规模不大、服务附加值较低，航运服务功能较弱。航运高端服务产业如航运金融、航运保险、船舶管理、航运咨询、航运法律、航运交易、公估公证、航运信息服务等几乎处于空白阶段。究其原因，主要存在如下两方面：一是高端航运服务产业发展的条件和环境尚未形成。高端航运服务业集群发展需要一定的外部形态作为载体和平台，世界著名的国际航运中心的形成都与政府为其创造的良好的支持保障体系分不开。例如，高效的口岸服务环境、完善的自由港政策、自由的货币政策以及优惠的船舶登记政策等。虽然临港新片区总体方案中，明确表示将要不断提升口岸发展的软环境，但还缺乏操作细则，落地落实方面与世界上著名的国际航运中心还有一定的差距。二是高端航运服务产业集群尚未形成。高端航运服务产业的空间集聚是产业集群形成和发展的基础，高端航运服务产业集群的核心是航运服务企业之间、航运服务企业与其他机构之间的联系及互补性。临港新片区的航运服务业虽然已具备了相对完整的产业链，但缺乏高层次的现代航运服务产业，在航运交易、航运信息、航运咨询、航运金融、航运保险、航运商务、海事法律服务等行业还有不少空白点。现有的航运服务业存在着企业数量多、规模小、市场垄断经营、服务资源不能共享、高层次航运服务专业人才匮乏等问题，仅凭借廉价的劳动力和自然资源参与竞争。

第二节 上海国际航运中心与临港新片区联动面临的瓶颈问题

一、制度开放存在制约

航运制度最开放的典型国际航运中心有香港和新加坡等。其中香港是全球公认的最自由开放的自由港之一，长期奉行自由港政策。香港实行非常具有吸引力的船舶登记制度，对其国际航运中心的形成发挥了重要作用。

香港船舶注册登记高效，费用低廉，对船员国籍不作限制，提供专业技术指导以及其他相关配套服务。作为国际金融中心，香港拥有良好的金融环境，实施高效安全的金融监管，航运企业船舶融资租赁、航运保险、船舶抵押等航运业务的开展十分便利。与香港相同，新加坡也是全球最开放的自由港之一，同样实施自由港政策。而新加坡的独特之处在于，它是世界一流的船舶燃料油供应港和全球第三大石油炼制中心，其在油品全产业链方面的优势非常显著。新加坡国际油品贸易自由，市场竞争充分，对原油企业资质和进出口数量没有限制与配额。

目前，与香港和新加坡等国际航运中心相比，临港新片区在部分航运服务领域仍存在制度开放制约。一方面，国际船舶登记相关的船舶检验制度尚未有效开展。由于船舶法定检验开放政策没有真正落地，导致现有的船舶入级检验开放政策也不能真正实施，从而影响临港新片区内国际船舶登记制度的有序推进。另一方面，沿海捎带业务规模较小。由于监管方式、启运港退税制度等相关政策之间未形成有效协同，且政策本身开放力度也不足，因此沿海捎带政策实施效果始终不明显。目前沿海捎带业务仅限于中资企业拥有或控股拥有的非五星旗船，对于许多船公司，都是长期租用自己融资的海外子公司的船舶，但是这些海外子公司并不是中国公司，无法开展沿海捎带业务。如国际中转集拼业务，由于国内现有集拼业务管理办法不能严格将本地货物与中转货物区分，操作流程复杂且成本较高，多业态货物空间分离、中转成本较高导致国际中转集拼业务仍处于小规模运作阶段，据上海同盛物流公司反映，新加坡中转成本为 20 美元/立方米，香港为 30 美元/立方米，而上海港高达 50 美元/立方米。

二、税收政策缺乏竞争力

目前临港新片区内航运企业面临税费偏高的问题，主要体现在三个方面：一是企业所得税过高。目前临港新片区内航运企业所得税为 25%，而新加坡对航运企业税收优惠力度极大，企业所得税 17%，而且抵扣和优惠项目较多，综合税率可达到 10%左右。香港和伦敦分别为 16.5%和 23%，均低于目前临港新片区内航运企业所得税。二是船员所得税过高。国际知名航运中心如新加坡对船员每年离岸工作超过 183 天即免征所得税，年免征额

20 000新币，且采用2%～11.5%的六级累进税率。我国目前对船员在国际航行船舶服役超过半年则免征50%所得税，个税起征点为5 800元人民币，超过部分实行3%～45%七级累进税率。中国船员的税收制度使得中国船员的使用成本比菲律宾和孟加拉国的船员使用成本高出15%～20%，成本处于劣势。三是船舶吨税制过高。航运外汇不便利，航运发达国家大多采用船舶吨税取代公司所得税，以促进本国航运贸易和航运企业的发展。联合国贸易发展委员会2018年《世界海事报告》统计，占有全球海运运力60%的排名前十位的船东国家或地区大多实施了现代船舶吨税制。我国仍然是采用航运企业所得税和船舶吨税并行的办法，导致航运企业税收成本偏高。

三、外汇结算不便利

目前在中国境内经济活动大量存在用外币计价、结算、支付等现象，特别是在国际商品贸易、航运、服务采购等领域，甚至部分中资企业之间的境内结算也采用美元计价和结算，此举增加了企业的汇兑成本和汇率风险，制约了中国企业的话语权和影响力，也不利于推进人民币的国际化。

航运结算是航运企业在生产经营、筹资和支付、投资等过程中涉及的结算业务。其中，中国现行的港口费除船舶吨税按海关规定计收，代理费和理货费分别按照外轮代理公司和外轮理货公司规定的费目和计费办法计收外，《航行国际航线船舶及国外进出口货物海港费收规则》规定的费目只有引航费、移泊费、系解缆费、船舶港务费、货物港务费、停泊费、装卸费、开关舱费、起货机工力费，以及属于使用服务费的租用港口船舶、机械、设备和其他杂项费用等。另外，对国际过境货物则以包干费的形式，计收包括在中转港发生的装卸、搬运、港内驳运、堆存等费用在内的转口费。

国际航运服务如船舶管理、船舶融资、船舶供应等会产生大量的跨境资金流。尽管临港新片区逐渐简化企业跨境人民币业务办理流程，推动跨境金融服务便利化，但航运企业实务操作中仍然面临大额资金支付不便利、手续复杂、结汇时间较长等问题。由于航运企业经常产生5万美元以上的大额支付资金。而航运结算中心涉及央行、银监会、交通部(水运局、海事局)、商务部、保监会、税务总局、海关等多个职能部门，需要良好的信息互联互通和政策支持，各部门间的合理分工并保持灵活的协调机制。这些大额资金结算的不便利往往导致后续外汇结算业务转移至境外，在一定程度上制约了临港新片区航运服务要素集聚和综合能力提升。现代航运服务业仍存在市场主体规模小、分散度高的情况，对外服务能力有待培育。

四、口岸监管措施需优化

口岸监管是指对入出境人员、货物、交通工具的检查、检验和监管。检查检验的对象与交通运输企业、外贸进出口企业和服务企业的业务有关。检查检验单位的工作是口岸管理工作的一部分，检查检验单位也是口岸的管理机构，在口岸管理工作中主要行使监督和服务职能。

口岸监管流程存在进一步改进的空间。在国际中转集拼、沿海捎带、启运港退税等航运功能创新中，也仍然存在口岸监管制度的制约。大量国内货与少量保税货在海关特殊监管区内进行集拼时仍需要经过多道报关、备案手续，程序复杂。中资非五星旗船沿海捎带业务，目前仍是按内支线转关模式进行监管，出口过程与境外中转相比，退税时间长、操作手续复杂。因此，现行口岸监管流程仍无法满足航运运作模式的创新要求。

口岸监管便利化程度存在进一步提高的空间。由于中转集拼货物的多样性（国际中转、转关保税货物、本地保税货物、本地区非保税货物），加之拼箱随机性较大，往往在货物送达港区前会频繁出现调换货物的现象。目前非保税货物如果进入洋山保税港区拼箱，往往需要企业提前 2～3 天准备好所有货物报关报检信息。一旦货物信息临时变更，会对进境备案、出境备案、出口报关等报关程序产生较大连锁反应，导致企业报关时间和货币成本增加。

五、航权航时资源制约

中国对外开放航权的整体框架与依据是构建于《中华人民共和国民用航空法》，其从民用航空器国籍、权利、租赁、适航管理、航空人员、民用机场、空中航行等 16 章对航空运输活动进行了规制，但没有对航权的开放与交换进行具体的规制。

中国对外开放航权，既有通过对外签订的多边条约、双边协定予以确认，也存在通过国内政策法规的颁布，授予某地使用特定航权类型的权利。整体而言，中国开放航权呈现出授予模式丰富、开放类型多样的特点。具体而言，航权共有 9 种类型，中国不同地区开放航权类型存在差异，具体如表 4－5所示。

表 4－5　中国航权开放类型与地区现状

航权类型	开放情况
第一航权：领空飞越权	完全授予并开放
第二航权：技术经停权	完全授予并开放
第三航权：目的地下客权	完全授予并开放
第四航权：目的地上客权	完全授予并开放
第五航权：以远权/中停点权/前站权	全国共 27 个城市开放
第六航权：桥梁权	未授予但可实践
第七航权：完全第三国运输权	海南开放
第八航权：国内运输权	未授予开放
第九航权：完全国内运输权	未授予开放

我国对外航权开放水平存在不高的问题。一方面航权开放水平不高。航权开放主要以前四类航权为主，对开放水平较高的第五、第七航权仍保持十分谨慎的态度。目前，截至 2020 年底，中国大陆地区共有 241 座机场，其中仅 27 个城市机场被授予开放第五航权的权限，第五航权开放水平还有待提升。而第七航权则只授予海南地区开放，提升海南地区航权开放水平的同时也带来了如何在国内“由点及面”拓展的问题。另一方面，航权的运用水平不足。特别是第五、第七航权的运用水平。在被授权试点推进或开展第五航权的城市中，仅有 15 个城市运行货运航线，7 个城市开通客运航线，使得航空运输高效便捷沟通人员与运输货物的能力大打折扣，无法发挥第五航权运行所带来的经济社会效益。而第七航权在海南地区的实际运用还在谈判当中，目前尚无具体航线。

航权开放程度直接决定航空运输市场的规模。高密度的国际航线及充足的航空运力是临港新片区国际航空运输发展的重要条件。目前浦东机场的航空货源之所以大量流失到我国香港机场，一个重要原因是香港机场的航班密度大，航线多，能够充分满足航空货物运输的快捷需求。机场航线航班的不足会导致无法吸引货运代理人，货运量会随之流失。浦东机场与香港机场相比较，航线选择较少。一个大型货代的出货地源自世界各地，需要有不同航线作为支撑。浦东机场货运时刻资源紧张无法形成有效的航班波，目前，浦东机场只开放晚上9点到早上9点的时段给货运使用，无法申请到合适的白天时刻，导致货运航班和客运航班腹舱载货无法有效衔接，空空中转效率低下，国际—国内机坪直转无法开展。航权航时资源制约也导致国际货运枢纽基地航空公司布局建设步伐缓慢，浦东机场尚未形成以通达全球为目标的国际中枢基地航空公司。

六、开放门户枢纽功能尚需强化

开放门户枢纽从本质上讲是全球战略性物流通道和服务网络的枢纽控制中心。当前上海开放枢纽门户存在航运网络控制力不足的问题，关键是海空联运在港口集疏运体系中发展滞后。从国际上看，知名航运中心往往通过海空联运打造连接全球的物流体系，海港空港一体化联动已成为形成辐射全球物流枢纽的重要标志。比如，纽约新泽西港务局运营管理着肯尼迪、拉瓜迪亚和纽瓦克三大国际机场；迪拜围绕海港（杰贝阿里港）、空港（迪拜国际机场）以及自由贸易区（杰贝阿里自由贸易区），着力打造基于两港一区的海空联运模式，形成一条能连接东西世界的“完美通道”。相比之下，上海国际航运中心虽已具备了水陆空立体化、多层级的集疏运网络，但海铁联运、水水中转、国际中转比例仍然偏低，尤其是海空联动体系尚未形成。

究其原因，主要有三个方面：一是离岸功能薄弱、总部能级有限制约了上海在全球投资贸易网络中的枢纽节点功能提升。上海离岸贸易功能薄弱，难以成为全球价值链高端管控节点，转口贸易和离岸贸易发达是全球价值链高端管控能力的重要体现。虽然上海货物进出口规模居全球首位，但离岸贸易发展滞后，目前仍处于试点阶段，在全球价值链中的高端管控功能不强。二是数字贸易发展滞后，导致新产业革命背景下上海开放通道门户功能面临弱化危险。上海是我国最大的货物贸易口岸，但数字贸易发展相对滞后，制约了新型门户功能的提升。2019年，上海数字贸易占服务进出口的比重不到15%，与伦敦、新加坡相比有明显差距。三是重大开放举措落地不到位，影响上海扩大开放先行先试的窗口作用发挥。临港新片区“五个自由”落地不到位，与海南自由贸易港相比存在较大差距根据新片区总体方案，临港新片区要实现投资、贸易、资金、运输、人员从业等“五个自由”，临港新片区方案落地尚需加快推进。

七、相关支持政策可操作性不强

上海注重洋山特殊综合保税区对外开放建设，2020 年 6 月由临港新片区管委会与人民银行上海总部、上海海事局、上海出入境边防检查总站联合发布的《关于促进洋山特殊综合保税区对外开放与创新发展若干意见》提出了 88 条综合支持意见，其中对从事国际中转集拼业务的企业，开展多式联运业务的企业，开展以洋山港为国际中转港的外贸集装箱沿海捎带业务的企业，从事集装箱、航空货物等国际中转业务的企业等，根据其业务规模提供资金奖励。但由于奖励的实施细则没有出台，以至于政策无法真正落地。如虽然规定了“对在洋山深水港、上海南港挂靠的船公司（无须注册），每新增一条外贸航线，根据新增集装箱吞吐量，给予最高不超过 500 万元的奖励”，但其中的航线没有具体的界定，奖励对象（船公司、港口）也没有明确，导致政策的可操作性不强。再如“对在洋山深水港、上海南港、浦东国际机场与芦潮港铁路集装箱中心站通过多式联运、江海联运产生的吞吐量增量部分，根据不同联运方式、货运流向等，按照每箱 20～30 元，每年给予最高不超过 600 万元的奖励”，其中的联运方式、运输路线和奖励对象也没有做出明确规定。

第五章　上海国际航运中心与临港新片区联动发展的必要性

第一节　上海城市能级提升的内在要求

上海国际航运中心与临港新片区联动发展是新发展格局中强化上海全球战略节点地位的重要支撑和发展动能，为上海更好实现“双循环”背景下国家战略使命提供了新支撑和新动力，不仅可以有效提升上海城市能级，还可以加速上海国际航运中心转型升级，同时有利于提高临港新片区航运服务的国际竞争力。

2018年6月27日，中共上海市委发布《关于面向全球面向未来提升上海城市能级和核心竞争力的意见》(以下简称《上海城市能级提升意见》)，提出上海要建设成为具有世界影响力的现代化国际大都市。上海提升城市能级和核心竞争力的前提是在强化全球资源配置能力、建设开放枢纽门户、发展服务品牌以及提升产业能级等方面取得进一步发展，而上海国际航运中心建设与临港新片区联动有助于提升上海城市全球资源配置和开放枢纽门户功能，并推进上海航运服务品牌建设步伐，促进城市航运产业转型升级，助推上海城市能级进一步提升。

一、强化城市全球资源配置功能

城市全球资源配置能力是指该城市在全球范围内吸纳、凝聚、配置和激活城市经济社会发展所需的战略资源的能力。一个城市的全球资源配置能力反映了一个城市在全球范围内进行资源配置的规模、质量和效率，是一个全球城市取得经济社会发展的决定性因素。

上海在全球资源配置能力方面存在一定的不足。在制度创新方面，上海存在贸易投资便利化制度不健全，负面清单行业分类标准与国际标准衔接不高，离岸贸易制度不完善和“单一窗口”建设缺少法律保障等问题。如新加坡、美国和瑞典在单一窗口建设中，提前规划配套的法律法规，虽然上海国际贸易单一窗口3.0版已上线，但单一窗口建设的配套工作尚未细化。在资源配置功能方面，上海存在总部经济规模不够且调配资源能级低，缺少本土领军型国际化品牌企业问题。上海与新加坡、东京和香港等相比差距明显，数量少，2019年上海跨国公司地区总部701家，以制造业为主。而新加坡超过4 200家、东京超过2 400家、香港超过1 400家，以服务业为主。上海一级总部也较少，世界500强公司仅41家在上海设立亚太总部，占比8.2%，而设在新加坡、东京和香港的亚太总部占比为33.3%、10.0%和16.7%。

《上海城市能级提升意见》提出上海要“按照中央对上海的定位和要求，要加快建设国际经济、金融、贸易、航运、科技创新中心和文化大都市，建设卓越的全球城市和具有世界影响力的社会主义现代化国际大都市”，这就需要进一步强化上海城市进一步集聚和配置全球高端资源要素，增强全球资源配置功能，而全球航运资源配置功能是其重要组成部分。

上海国际航运中心建设与临港新片区联动有助于上海城市创新制度体系，强化全球航运资源配置功能。在完善上海城市创新制度体系方面，临港新片区为完善上海城市航运创新制度体系提供试验田，2019年7月27日国务院发布《中国(上海)自由贸易试验区临港新片区总体方案》(以下简称《临港新片区总体方案》)提出，到2025年，建立比较成熟的投资贸易自由化便利化制度体系。到2035年，临港新片区建成具有较强国际市场影响力和竞争力的特殊经济功能区，形成更加成熟定型的制度体系和管理体制，打造全球高端资源要素配置的核心功能，成为我国深度融入经济全球化的重要载体。在未来发展中，临港新片区将依托政策优势，推进航运领域对外开放，探索与国际接轨的航运发展制度和运作模式，营造稳定、公平、透明的发展环境。在强化全球航运资源配置功能方面，上海国际航运中心建设对于强化上海城市全球航运资源配置能力具有重要意义。《上海国际航运中心建设三年行动计划(2018—2020)》(以下简称《三年行动计划》)也明确提出上海国际航运中心要建成为航运资源高度集聚,具有全球航运资源配置能力的国际航运中心。可见,上海国际航运中心建设与临港新片区联动有助于上海城市借助临港新片区创新制度体系和管理体制机遇,提高上海全球航运资源配置能力,提高全球航运资源配置功能。

二、强化城市开放枢纽门户功能

开放枢纽门户功能是上海成为国内大循环中心节点和内外市场双循环战略链接的重要支撑,是发挥上海改革能级和使命的重要契机。开放枢纽门户功能作为一种深度制度型开放发展战略,是新时期上海发挥改革开放功能的系统性改革战略,旨在通过降低要素流通的制度壁垒,促进国内国际生产要素的互融互补,通过要素组合优化,激发经济体系的高质量增长潜能。《上海城市能级提升意见》提出上海要建设成具有世界影响力的现代化大都市,这离不开上海开放枢纽门户功能的进一步提升。打造联通全球的国际网络枢纽,推动长三角更高水平的协同开放,是上海当好开放枢纽门户的重要途径之一。

上海货物贸易、服务贸易规模处于世界城市前列,枢纽功能逐步凸显。截至2020年年底,上海累计吸引跨国公司地区总部771家、研发中心481家,继续保持全国第一。“走出去”贸易投资网络遍及全球178个国家和地区,与“一带一路”国家和地区贸易额稳定在5 500亿元以上。进博会、自贸试验区新片区等高水平开放窗口作用不断显现。第三届进博会上全球超3 600家企业争先展示新技术、新产品、新服务,累计意向成交726.2亿美元,比上届增长2.1%。但从更好服务“双循环”的角度看,上海还存在一些问题和薄弱环节,与国际一流城市和国内部分先进城市相比仍存在不少差距。一是离岸贸易功能薄弱,难以成为全球价值链高端管控节点转口贸易和离岸贸易发达是全球价值链高端管控能力的重要体现。虽然上海货物进出口规模居全球首位,但离岸贸易发展滞后,目前仍处于试点阶段,在全球价值链中的高端管控功能不强;二是缺乏数字贸易领军企业和巨型平台,全球影响力不足,数字贸易领军企业和服务平台正在处于初步发展阶段;三是上海自贸试验区制度创新引领优势弱化,对标高水平规则压力测试存在空白,如上海自贸试验区外资负面清单与全国版外资负面清单条目相比只差 3 条，仍具有开放优势的只有 6 条。

上海国际航运中心与临港新片区联动有助于提升上海城市国际航线配置能力，进一步强化开放枢纽门户功能。《临港新片区总体方案》提出临港新片区要打造区域性航空总部基地和航空快件国际枢纽中心，提升拓展全球枢纽港功能，在沿海捎带、国际船舶登记、国际航权开放等方面加强探索，提高对国际航线、货物资源的集聚和配置能力。《三年行动计划》提出上海国际航运中心要建设成为具有国际领先航运枢纽功能的国际航运中心，以智慧高效的集装箱枢纽港、品质领先的航空枢纽港、国际一流的邮轮母港等为特征的具有全球影响力的国际航运运营中心。因此，上海国际航运中心建设与临港新片区联动有助于提升上海对国际航线配置能力，打造国际交通枢纽，有效强化上海开放枢纽门户功能。

三、打造上海城市航运服务品牌

服务功能是上海城市的核心功能，是上海作为全国经济中心城市服务国家战略的使命所在。上海服务包括增强经济中心城市服务功能、提升服务经济能级、提高服务国家战略能力、建设服务型政府等方面。打造上海服务品牌有助于提升上海在全球城市核心功能和国际竞争力，加快上海服务业升能级、优结构、增动力、提效率、强品牌，有利于上海成为我国服务业高质量发展的标杆区、引领区。国际航运中心建设是上海城市服务品牌发展战略的重要组成部分。2021 年 7 月 30 日上海印发的《全力打响“上海服务”品牌 加快构筑新时代上海发展战略优势三年行动计划（2021—2023 年）》提出要“打造现代航运服务示范品牌。打响上海航运交易所品牌，推动航运指数期货上市，推广指数国际化应用。建设国际航运保险交易平台，拓展航运保险业务功能。依托上海国际航运研究中心，拓展全球航运智库联盟，打造具有行业影响力和竞争力的航运智库品牌。打造中国航海博物馆航运文化品牌，传播航运文化，受众人群不少于 500 万人次”。

根据《国务院关于推进上海加快发展现代服务业和先进制造业建设国际金融中心和国际航运中心的意见》的要求，上海于 2020 年基本建成国际航运中心。《上海国际航运中心建设“十四五”规划》明确指出上海国际航运中心"十四五"总体目标，将形成枢纽门户服务升级、引领辐射能力增强、科技创新驱动有力、资源配置能级提升的上海国际航运中心发展新格局，2025年基本建成便捷高效、功能完备、开放融合、绿色智慧、保障有力的世界一流国际航运中心。

目前，上海国际航运中心建设在各方面均取得了举世瞩目的成就，随着国内外环境的变化以及上海城市功能定位的提升，新时代上海国际航运中心建设面临新要求。上海国际航运中心与临港新片区联动不仅有助于完善国际航运补给服务体系，还可以提升高能级航运服务能级，加速上海航运服务品牌建设。在完善国际航运补给服务体系方面，高质量的船舶供应补给服务是保障船舶安全高效航行，提升港口运营效率的重要环节，也是国际航运中心软实力建设的具体体现。《临港新片区总体方案》提出提升船舶和航空用品供应、维修、备件、燃料油等综合服务能力。支持内外资企业和机构开展航运融资、航运保险、航运结算、航材租赁、船舶交易和航运仲裁等服务，打造"上海航运指数"品牌，发展航运金融衍生品业务，提升高端航运服务功能。在提升高能级航运服务能级方面，《三年行动计划》提出上海国际航运中心要实现进一步增加全球百强航运企业和国际航运组织数量，提高海事法律与仲裁、航运融资与保险、海事教育与研发、航运咨询与信息等服务能级。因此，上海国际航运中心建设与临港新片区联动有利于提高航运服务能级，丰富航运服务内涵，完善航运服务体系，进一步推动上海航运服务品牌建设。

四、提升上海城市航运产业能级

城市能级是指一个城市的某种功能或诸种功能对该城市以外地区的辖射影响程度，主要由城市的基本功能决定，并主要体现在城市的经济功能、科技创新功能、服务功能三个方面。提升城市能级和核心竞争力，是世界城市发展的普遍规律，也是上海应对城市激烈竞争和面向未来的主动选择。上海在国家发展全局中具有举足轻重的地位和作用，以习近平同志为核心的党中央对上海寄予厚望，上海要主动服务国家战略，代表国家水平，体现国家形象。《上海城市能级提升意见》提出上海要在全球产业链占据更多的高端环节，促进要素加速集聚，引领产业加速发展，必须以提升产业能级为基础。

上海国际航运中心与临港新片区联动有助于上海强化航运产业集聚和辐射功能，进一步提升上海城市航运产业能级。在强化上海航运集聚功能方面，《临港新片区总体方案》提出临港新片区要建设具有国际市场竞争力的开放型产业体系，发挥开放型制度体系优势，推动统筹国际业务、跨境金融服务、前沿科技研发、跨境服务贸易等功能集聚，强化开放型经济集聚功能，加快存量企业转型升级，整体提升区域产业能级，可以极大地带动上海航运金融、航运科技等产业能级提升。在强化上海航运辐射功能方面，上海国际航运中心已经成为具备区域航运辐射功能的重要航运中心，2020 年 11 月 28 日，中国经济信息社在江苏省南通市发布了《长江经济带江海联运发展指数报告(2020)》主要成果，研究报告显示，在长江经济带和长三角一体化发展中，上海国际航运中心发挥着龙头辐射作用。因此，上海国际航运中心与临港新片区联动可以推动上海航运产业快速发展，进一步强化上海航运产业辐射与聚集功能，有效提升上海城市航运产业能级。

第二节　上海国际航运中心转型升级的客观要求

据 2020 年中国航海日论坛发布的《新华—波罗的海国际航运中心发展指数报告(2020)》显示，上海首次跻身国际航运中心排名前三强，仅次于新加坡和伦敦，这表示上海国际航运中心已经基本建成。2020 年 1 月 7 日，上海市委书记李强调研洋山港时表示，上海国际航运中心还需要深化推动航运制度创新，不断放大政策集成效应，打造具有国际竞争力的航运发展软环境。上海国际航运中心建设与临港新片区联动可以在航运监管模式、航运税收制度、外汇收支便利化、航路航权限制等方面实现突破，进一步优化上海航运营商环境，加速上海航运功能拓展、航运产业升级、航运金融发展和航运枢纽建设，助推上海国际航运中心进一步转型升级。

一、推进航运服务功能拓展

目前上海国际航运中心在港口吞吐量、智能码头等航运枢纽服务功能方面已经处于全球领先地位，但与其他国际著名航运中心相比，在其他航运服务功能方面仍然存在短板。

上海国际航运中心建设与临港新片区联动有利于上海国际航运中心在高端航运产业链发展等取得进一步突破，拓展航运服务功能，主要体现在促进航线开辟与中转集拼、加速航运信息服务升级和拓展航运产业链三个方面。①在促进航线开辟与中转集拼方面，临港新片区将不断取得功能性突破。《临港新片区总体方案》要求临港新片区逐步放开船舶法定检验，进一步完善启运港退税相关政策，优化监管流程，推动浦东国际机场与"一带一路"沿线国家和地区扩大包括第五航权在内的航权安排，吸引相关国家和地区航空公司开辟经停航线，支持浦东国际机场探索航空中转集拼业务。这有利于上海国际航运中心在船舶服务、航空服务、中转集拼等航运功能方面取得拓展。②在加速航运信息服务升级方面，临港新片区发展规划将航运信息服务升级作为未来信息产业发展的重要内容，有助于上海国际航运中心试点在航运信息服务等方面积极开展有益探索。如 2019 年 10 月 25 日，在第二届"新时代 · 大航海 · 强国梦——智能航运与创新发展"峰会上，多家相关政府机构及企业联合建立的"云图海事"联合实验室签约入驻临港新片区，该实验室综合了海事航保、信息通信、大数据处理、等智能航运领域的行业领先者。③在拓展航运产业链方面，临港新片区积极引进国际著名航运公司，如 2019 年 11 月，航运巨头马士基集团与上海临港经济发展(集团)有限公司签署战略合作协议，根据协议，双方将共同推动临港新片区建设，打造数字化、自动化和创新化的国际航运物流经济体，通过发展进出口物流、国际中转集拼、跨境电商、航运金融、海事法律服务等业务，全面提升临港新片区在航运、贸易、金融等领域的竞争力和影响力。临港新片区引进的航运服务产业是上海国际航运中心丰富航运产业的重要内容，有利于进一步拓展上海国际航运中心航运产业链。

二、助推航运产业升级

上海国际航运中心经历了以硬件基础设施建设为主到硬件基础设施和软环境建设并重的发展之路，在资源要素集聚、枢纽能级提升、服务功能完善、市场环境优化、区域协同发展等方面取得了明显成效，在 2020 年基本建成世界公认的国际航运中心。随着上海国际航运中心由基本建成阶段向全面建成阶段迈进,需要进一步提升上海国际航运中心的全球竞争力和资源配置能力,需要实现航运产业的进一步升级,在高端航运制造、高端航运服务等方面取得突破。

上海国际航运中心建设与临港新片区联动有利于促进上海国际航运中心航运产业升级,主要体现在提高高端航运制造竞争力、提升智能航运服务水平、完善高端航运服务产业等方面。①在提升高端航运制造国际竞争力方面,临港新片区一直重视高端航运制造产业发展,如《临港新片区总体方案》鼓励临港新片区建设检测维修和绿色再制造中心,支持开展航空航天、船舶等产品入境维修和再制造,提升高端智能再制造产业国际竞争力。②在提升智能航运服务水平方面,临港新片区推动多个重点智能航运项目落地。2020 年 12 月,上海组合港管理委员会办公室、中国(上海)自由贸易试验区临港新片区管理委员会和上海市通信管理局三方进行了《推动临港新片区智能航运产业发展合作框架协议》签约仪式,根据协议,三方将加强智能航运发展政策与制度创新,加快同长三角共辐射全球的航运枢纽建设。③在完善高端航运服务产业方面,临港新片区大力发展高能级航运服务,2020 年 5 月 4 日,临港新片区管委会发布的《中国(上海)自由贸易试验区临港新片区进一步促进服务业高质量发展的实施意见》中提出,要持续提高开放水平和国际竞争力,打造建设上海国际航运中心的主战场、高端国际航运的服务高地、现代航运文化发展的示范区,同时建设统筹在岸业务与离岸业务发展的国际金融枢纽。临港新片区高端航运服务业发展可以进一步完善上海国际航运中心在航运文化、航运金融等高端航运服务产业发展。

三、促进航运制度更加自由开放

建设更加自由开放的航运制度是上海国际航运中心转型升级的发展方向之一。上海国际航运中心航运制度要对标国际最高水准,实现更加自由开放,需要临港新片区作为依托载体。

临港新片区建设促进上海国际航运中心航运制度更加自由开放主要体现在完善航运组织保障、加快航运监管制度改革、优化航运税收制度和促进航运便利化服务发展四个方面。①在完善航运组织保障方面,临港新片区重视航运制度相关部门建设，目前临港新片区管委会设置了15个机构，其中包括特殊综合保税区处(航运处)，该处则负责洋山特殊综合保税区的管理，推动货物贸易、高能级全球航运枢纽建设和航运产业、国际航运服务、国际航空业务发展，做好口岸监管单位的对接、协调与服务等工作，做好边界安全工作，为创新航运制度提供了有效组织保障。②在加快航运监管制度改革方面，临港新片区提出多项航运监管改革措施，如《临港新片区总体方案》提出临港新片区要建立以投资贸易自由化为核心的制度体系和全面风险管理制度，推进投资贸易自由化便利化，有利于完善上海国际航运中心建设多方协调机制，优化航运业综合发展环境，推动监管制度改革，促进上海国际航运中心航运制度实现更加自由开放。③在优化航运税收制度方面，临港新片区不断推出改革措施，《临港新片区总体方案》明确的8项税收政策已落地5项，分别是重点产业企业所得税、国际运输船舶增值税退税、境外和海外回流高端紧缺人才个人所得税税负差额补贴、启运港退税、洋山特殊综合保税区内交通运输等服务免征增值税政策。企业所得税和个人所得税双15%优惠政策顺利落地。企业所得税优惠首批认定符合条件企业37家，预计可减税约2 000万元。④在促进航运便利化方面，临港新片区提出将建设世界领先的一体化信息管理服务平台，搭建区域一体化业务协同平台，推进跨部门、跨系统、跨区域的数据共享和功能对接，为企业报关、报税、查验、物流安排等提供一站式便利。不断优化口岸作业流程，融合衔接海关“两步申报”“提前申报”模式和港口“出口直装”“进口直提”模式。进一步简化口岸环节验核单证，推进相关单证网上申领、网上验核，提高通关全流程电子化水平。全面深化港航领域“放管服”改革，落实政务服务“一网通办”“一网统管”，推广电子证照、“就近跑一次”“多证合一”。构建航运企业信用管理体系，开展信用评价和分级分类监管，探索以信用为基础的新型监管机制。这为上海国际航运中心实现航运产业升级提供新动力。

四、加快长三角航运协同发展

尽管长三角一体化、长江经济带等国家战略已经取得一定进展，有效地促进了上海与长三角乃至长江流域省市的协同发展，但在区域港口协调、多式联运体系协同、航运合作机制构建等方面仍存在一定的局限性，不利于上海国际航运中心转型升级，也不利于21世纪海上丝绸之路港航合作机制的建立。

上海国际航运中心建设与临港新片区联动有利于促进上海国际航运中心对接长三角一体化，加快区域港口协同，以及对接长江经济带战略，促进多式联运体系协同。①在促进上海国际航运中心对接长三角一体化，加快区域港口协同方面。临港新片区是上海服务长三角一体化的三大重点区域之一，承担着联结全球与长三角的枢纽功能。国家层面重视临港新片区与长三角区域港口协同发展，如2019年5月13日，由中共中央、国务院发布的《长江三角洲区域一体化发展规划纲要》提出临港新片区要带动长三角新一轮改革开放，“加强自由贸易试验区与海关特殊监管区域、经济技术开发区联动，放大自由贸易试验区辐射带动效应”。江苏和浙江也表示加强与临港新片区开展港口方面合作，如江苏希望加强临港新片区与江苏海关特殊监管区域、国家级开发区、高新区联动，推动连云港港、太仓港、南通港等成为临港的协作港区，放大辐射带动效应。《浙江省推进长江三角洲区域一体化发展行动方案》提出，要加强与上海自由贸易试验区新片区联动，共建上海自由贸易试验区新片区小洋山岛区块。所以上海国际航运中心可借助临港新片区进一步加强与长三角港口合作的紧密度，形成长三角区域港口快速协同发展。②在促进上海国际航运中心对接长江经济带战略，促进多式联运体系协同方面，国家和上海市层面都重视临港新片区多式联运政策。在国家层面，沪苏通铁路是《“十三五”现代综合交通运输体系发展规划》中“十纵十横”综合运输大通道之一“沿海运输通道”的重要组成部分，起始点为江苏南通市和临港新片区四团镇。2020年4月2日，国家发展改革委、交通运输部印发的《长江三角洲地区交通运输更高质量一体化发展规划》提出“规划研究沪舟甬、东海二桥等跨海通道”，沪舟甬跨海大通道上海起点为临港新片区。沪苏通铁路和沪舟甬跨海大通道建成之后，临港新片区在长三角港口群中将占据重要的战略地位。在上海市层面，2019年7月12日，上海市政府网站发布了《上海市人民政府办公厅关于印发上海市推进海铁联运发展工作方案的通知》，提出“聚焦芦潮港站中心站功能作用发挥和上海港集疏运体系优化，推动公路集装箱中短距离运输向铁路、水运方式转移，充分发挥各种运输方式的组合优势和整体效率”，同时“以实现芦潮港与洋山港区的港站一体化管理为目标，成立由港口、铁路、船公司等共同出资组建的海铁联运公司（经营主体、服务平台），负责芦潮港站日常运营管理、海铁联运市场拓展、资源整合、模式创新，协同各方共同推进海铁联运公共服务平台、信息平台建设，逐步完善海铁联运发展软环境”。可见，临港新片区海铁联运建设是上海乃至长三角集疏运体系优化的重要组成部分，上海国际航运中心开借助临港新片区海铁联运建设契机，加快对接长江经济带战略，并促进促进多式联运体系发展。

五、促进海空枢纽建设

《三年行动计划》提出，上海国际航运中心要对标国际一流，倾力打造世界先进的海空枢纽，建成以智慧高效的集装箱枢纽港、品质领先的航空枢纽港、国际一流的邮轮母港等为特征的具有全球影响力的国际航运运营中心。上海国际航运中心要达到这一建设目标，实现转型升级，则必须加强海空枢纽能级提升。上海国际航运中心要提升国际领先航运枢纽功能，则需要加强海空枢纽能级提升。

临港新片区具有临江、临海等地理区位优势，拥有空港、海港等特有的资源优势，上海国际航运中心建设与临港新片区联动有利于上海国际航运中心加快海空枢纽建设，主要体现在如下两方面。一方面，有利于提升上海国际航运中心海港枢纽能级，洋山港区是临港新片区的重要组成部分，也是上海国际航运中心的核心枢纽港，更承担着全球供应链核心节点的使命。依托临港新片区制度创新优势和洋山港区优越的地理位置，为上海国际航运中心打造协同高效的物流集疏运体系提供制度优势和基础设施优势。另一方面，有利于提升航空货运枢纽能级，临港新片区重视航空货运枢纽能级建设，如《临港新片区总体方案》明确支持浦东国际机场建设世界级航空枢纽，建设具有物流、分拣和监管集成功能的航空货站，打造区域性航空总部基地和航空快件国际枢纽中心。同时，一些航空公司也紧跟自贸区临港新片区建设步伐，如 2019 年 9 月，南航上海货运部门表示，该公司将根据临港新片区航空货运相关政策，重造货运服务全流程，全面推进货运业务发展。因此，上海国际航运中心建设可借助临港新片区政策优势提高国际航空枢纽功能。

六、推动航运业态创新

随着国际贸易环境不确定性因素的不断增加，全球供应链格局势必发生显著变化，从而催生航运新业态。航运业态创新是上海国际航运中心转型升级的重要组成部分，而临港新片区可以为上海国际航运中心航运业态创新提供动力源。

上海国际航运中心建设与临港新片区联动有利于上海国际航运中心拓展高端航运服务，不断创新航运业态。主要体现在三个方面：一是促进数字航运发展。临港新片区重视数字航运产业发展，2020 年 9 月 10 日临港管委会发布《加快推进临港新片区 5G 通信基础设施建设的若干支持措施》提出，临港管委会将在市经信委、市通管局等行业主管部门的支持协同下，以临港新片区国土空间规划为基础，制定临港新片区全区域 5G 等通信基础设施空间布局专项规划，这为数字航运发展提供基础设施保障，为上海国际航运中心加速数字航运发展提供难得的历史机遇。二是培育跨境航运电商新业态。临港新片区推出促进跨境航运电商举措，如《临港新片区总体方案》提出实施高标准的贸易自由化，在新片区内设立物理围网区域，建立洋山特殊综合保税区，作为对标国际公认、竞争力最强自由贸易园区的重要载体，创新跨境电商服务模式，鼓励跨境电商企业在新片区内建立国际配送平台，为跨境航运电商发展提供丰富土壤，这也使得上海国际航运中心培育跨境电商提供了有效政策保障。三是拓展航运融资与结算业务。航运融资与结算是临港新片区未来发展重要产业之一。2020 年 2 月 14 日，经国务院同意，中国人民银行(央行)、银保监会、证监会、外汇局与上海市政府联合发布《关于进一步加快推进上海国际金融中心建设和金融支持长三角一体化发展的意见》，从积极推进临港新片区金融先行先试、在更高水平加快上海金融业对外开放和金融支持长三角一体化发展等方面提出 30 条具体措施。其中，提出对于符合条件的临港新片区优质企业，区内银行可在“展业三原则”基础上，凭企业收付款指令直接办理跨境贸易人民币结算业务，这有利于航运金融企业在临港新片区开展航运海外融资业务，同时也为航运业务提供便利的航运结算服务。因此，上海国际航运中心与临港新片区联动有助于上海国际航运中心拓展数字航运、航运金融和结算等高端航运服务内涵，推动航运电商等新业态发展，加速上海航运中心转型升级。

第三节 临港新片区航运服务国际竞争力提升的必然要求

临港新片区要建设成为更具国际市场影响力和竞争力的临港新片区，但在交通运输、航运服务功能以及业态能级等方面存在一定的短板。上海国际航运中心建设可以推进临港新片区对外交通网络建设，助推航运服务业高质量发展和提升特殊综合保税区航运业态能级，为临港新片区提升国际竞争力提供有效支持。

一、推进航运枢纽设施建设

2020 年 6 月 2 日，临港新片区管委会发布《洋山特殊综合保税区产业发展和空间布局规划》提出，到 2035 年，临港新片区要打造国际中转集拼中心、国际分拨及配送中心，为探索建设具有中国特色自由贸易港提供更多实践样本，这就需要临港新片区加强对外交通网络建设。

上海国际航运中心建设与临港新片区联动有助于提升临港新片区全球枢纽港功能，加快对外交通网络建设，主要体现在加快航运基础设施升级和拓展枢纽功能两个方面。在航运基础设施升级方面，航运基础设施升级是上海国际航运中心未来建设的重要内容之一，《三年行动计划》提出要打造世界先进的海空枢纽港，在洋山四期工程、浦东机场三期、浦东机场第五跑道工程等方面的建设，推动临港新片区在海运、空运、铁路运输实现进一步优化，提高多式联运的运行效率。为了支持上海航运中心建设，在“十四五”期间，上海将持续推进小洋山北侧开发，深化完善小洋山北作业区和沈家湾作业区规划方案，进一步完善内河集疏运网络，大芦线二期航道部分开工，长三角地区最大的大治河西枢纽二线船闸通航。临港新片区航运基础设施建设是上海国际航运中心航运基础设施建设的重要组成部分，上海国际航运中心与临港新片区联动有利于加快临港新片区航运基础设施升级速度。在拓展航运枢纽功能方面，根据中国经济信息社 2020 年 11 月 28 日发布的

《长江经济带江海联运发展指数报告(2020)》显示,上海国际航运中心正在引领长三角共建辐射全球的航运枢纽,在长江经济带和长三角一体化发展中,上海国际航运中心发挥着龙头辐射作用,正在加快同长三角共建辐射全球的航运枢纽,努力成为国内大循环的中心节点和国内国际双循环的战略链接,为临港新片区拓展枢纽功能提供基础保障。可见,上海国际航运中心建设与临港新片区联动有利于提升临港新片区的全球枢纽港功能,加快对外交通网络建设步伐。

二、助推航运服务业高质量发展

2020 年 5 月 4 日,临港新片区管委会发布的《中国(上海)自由贸易试验区临港新片区进一步促进服务业高质量发展的实施意见》提出,在 2025 年,在重点领域上要体现开放型经济体系的高端航运服务等现代服务业细分行业的关键领域和薄弱环节的发展能级和国际竞争力显著增强;在质量效益上,初步形成要素集聚、功能复合、服务优质、开放融合的服务业发展格局,同时服务业对经济社会发展的贡献度显著提高,服务业对高品质国际化城市功能的集聚作用明显。但临港新片区高端航运服务业目前存在企业数量少,航运服务业发展处于起步阶段等问题。

上海国际航运中心建设与临港新片区联动有助于进一步推动临港新片区高端航运产业集聚,实现航运服务业高质量发展,主要体现在如下两个方面:①在推动高端航运产业集聚方面,《三年行动计划》提出,上海国际航运中心要实现航运服务能级大幅提升,提高现代航运服务业务对外辐射能力和国际化水平,吸引全球百强航运企业和国际航运组织落户上海,海事法律与仲裁、航运融资与保险、海事教育与研发、航运咨询与信息等服务能级进一步提高。同时,要打造航运科技创新高地,通过互联网、物联网、大数据、智能化等新技术应用。高端航运产业的高速集聚可为显著提高临港新片区国际竞争力,而要高端航运产业集聚离不开上海国际航运中心建设的支持。②在促进航运服务创新方面,上海国际航运中心持续推进“洋山港智能重卡示范运营项目”研究应用,开放洋山四期港区场景。同时,进一步深化航运服务创新,保税燃料油跨港区供应模式落地,全国首单浙沪跨港区保税船用燃料油供应在洋山深水港成功实施。因此,上海国际航运中心与临港新片区联动可以有效丰富临港新片区航运服务内容，推动高端航运服务进一步集聚临港新片区，实现航运服务业高质量发展。

三、提升特殊综合保税区航运业态能级

《临港新片区总体方案》提出洋山特殊综合保税区是对标国际公认、竞争力最强自由贸易园区的重要载体，应实施更高水平的贸易自由化便利化政策和制度。要建设国际航运补给服务体系，提升船舶和航空用品供应、维修、备件、燃料油等综合服务能力。支持内外资企业和机构开展航运融资、航运保险、航运结算、航材租赁、船舶交易和航运仲裁等服务，探索发展航运指数衍生品业务，提升高端航运服务功能。但目前洋山特殊综合保税区尚未形成具有国际竞争力的开放型产业体系，其业态能级与建设目标还存在一定的差距，洋山特殊综合保税区航运业态能级不高不利于临港新片区国际竞争力的提升。

上海国际航运中心建设与临港新片区联动有助于进一步完善特殊综合保税区开放型经济产业体系，提升航运业态能级，主要体现在创新航运制度、提升航运总部经济效应和优化现代航运服务体系三方面。①在创新航运制度方面，《三年行动计划》提出全面提升上海国际航运中心现代航运服务能级，深化航运保险注册制改革，推动船用保税油许可制度创新，完善国际船舶登记服务，建成洋山国际船员服务中心。临港新片区特殊综合保税区要建设具有国际市场竞争力的开放型产业体系，就需要实施具有较强国际市场竞争力的开放制度，而上海国际航运中心建设可为临港新片区特殊综合保税区提供航运保险、船用保税油、船舶登记等航运制度创新机遇。②在提升航运总部经济效应方面，《关于促进洋山特殊综合保税区对外开放与创新发展的若干意见》提出洋山特殊综合保税区要“集聚发展总部型机构”，但上海著名航运机构区域总部和航运公司总部大多位于市区，洋山特殊综合保税区内航运总部型机构较少，上海国际航运中心建设与临港新片区联动有利于进一步发挥洋山特殊综合保税区投资便利、企业税收和人才引进等优势，提高洋山特殊综合保税区航运总部集聚能力，提升洋山特殊综合保税区航运总部经济效应。③在优化现代航运服务体系方面，洋山特殊综合保税区航运服务在航运交易服务、航运金融保险服务、航运法律服务和

航运信息服务等方面还有较大进步空间。上海国际航运中心在航运服务机构方面主要集中在北外滩、陆家嘴等区域，洋山特殊综合保税区可借助上海国际航运中心建设与临港新片区联动契机，完善现代航运服务体系，提升航运业态能级。

第六章　上海国际航运中心与临港新片区联动发展的总体思路

第一节　立足“一个核心”

洋山特殊综合保税区是全国151个海关特殊监管区域中唯一一个特殊综合保税区，是临港新片区打造的集中承载区，是我国目前开放程度最高、改革力度最大的海关特殊监管区。中国（上海）自由贸易试验区临港新片区管委会2022年8月发布的《临港新片区加快洋山特殊综合保税区高质量发展的行动方案（2022—2025年）》指出，洋山特殊综合保税区将打造新型贸易示范区、全球航运新枢纽、创新业态承载地，至2025年，基本形成国际公认、竞争力最强的自由贸易园区基本框架体系，经济质量和效益显著提高，保税创新业态初步集聚，资源配置能力显著增强，成为服务国内国际双循环的重要窗口。洋山特殊综合保税区将建设保税船供公共服务平台、国际集装箱运价交易平台、“中国洋山港”船籍港平台、国际中转集拼平台等功能平台，大力发展保税维修检测、保税加工制造、保税研发设计、保税展示交易、跨境电商、离岸贸易等新兴业态。

上海国际航运中心与临港新片区联动，需要以洋山特殊综合保税区（包括芦潮港区域、小洋山岛区域、浦东机场南部区域等3个区域，规划面积25.31平方公里，目前正在重点推进芦潮港区域3.47平方公里纳入洋山特殊综保区范围的申请工作）为核心区域，充分发挥临港新片区开放型经济优势，充分挖掘交通、区位等优势，持续提高对国内国际人流、物流、价值流、信息流等资源的集聚和配置能力。

一、以港口和场站为载体提升多式联运能力

以洋山港、上海南港、浦东机场、铁路浦东东站、芦潮港铁路集装箱中心站等为载体，推动海运、空运、铁路、内河和公路运输多式联运，提升全球枢纽港功能。一是提升国际海港枢纽能力。推进洋山四期自动化码头产能释放，推动实施小洋山北侧综合开发。发挥南港承接洋山深水港的溢出效应，实现南港与洋山深水港的一体化发展，协同推动与长三角世界级港口群一体化发展。二是提升浦东国际机场枢纽能级。推进浦东国际机场四期扩建工程和第五跑道投用。强化浦东国际机场与长三角机场群一体化发展。推动浦东国际机场与相关国家和地区扩大航权安排。打造高效畅达的集疏运体系。三是推进浦东综合交通枢纽规划建设，打造长三角地区沿海交通网络核心节点。推进沪通铁路二期项目，建设外高桥港区铁路专用线。推进现代化、集约化内河港区建设。四是增强海空枢纽综合服务能力。推动拓展海空港口服务供应链。推进集装箱江海联运公共信息平台建设。推动航空服务与现代贸易、物流、智慧仓储等功能叠加。

二、以政策和制度优势为引擎提升航运服务辐射能力

以洋山特殊综合保税区政策和制度优势为引擎，推进航运制度创新先行先试，推动航运高水平改革开放。一是加快高端航运要素集聚，提升航运服务辐射度和集聚力，提升航运服务枢纽功能。发展全球检测维修、航空研发制造等国际航运业。在洋山港试点实施船舶登记管理制度、外贸集装箱沿海捎带、船舶检验业务开放试点、船用保税油等制度功能开放。二是加快临港新片区等改革创新系统集成和优化升级，率先推进国际航运领域高水平开放，规则、规制、管理、标准接轨国际。推进优质航运企业先行先试跨境人民币结算便利化、跨境税收服务制度支持。推进上海港国际船舶供应物料产品标准化。三是加强信息系统建设，打造航运数字化转型示范区。依托临港新片区一体化信息管理服务平台，动态汇集航运企业全生命周期、全流程闭环、内外部所有信息数据，实现协同监管、无感监管和风险预警；推动一体化信息管理服务平台与航运区块链平台、跨境贸易大数据平台对接，拓展平台运用场景。

第二节 兼顾“三个层面”

一、临港新片区内各区域协同发展

依托临港新片区加快上海国际航运中心新一轮发展，不仅需要以临港新片区“五个重要”为统领，发挥高标准、全方位开放的全局性先导作用，而且需要充分发挥洋山特殊综合保税区“境内关外”的特点，通过差异化制度创新和特殊制度安排发挥航运引领作用，从而推进上海国际航运中心转型升级发展，并形成溢出效应，带动长三角地区航运一体化发展。因此，需要从临港新片区、上海市域、长三角三个层面推进上海国际航运中心建设与临港新片区联动。上海国际航运中心建设与临港新片区联动，需要加强临港新片区内各个区域联动，促进航运产业高效协同发展。

一是加强洋山特殊综合保税区与物流园区联动，促进航运产业转型升级。加强洋山特殊综合保税区与区外物流园区联动。打造集仓储物流、港航联运等功能于一体的物流产业集聚区。创建国家骨干冷链物流基地，鼓励冷链企业在区内开展加工贸易，支持简单加工企业向深加工转型升级。

二是加强临港滴水湖金融湾与洋山特殊综合保税区联动，主动服务航运服务产业发展。加强临港滴水湖金融湾与洋山特殊综合保税区联动，金融服务与航运产业发展双向赋能，发挥补链、固链、强链作用。丰富航运企业资金融通渠道，支持航运市场及衍生品市场发展。推动洋山特殊综合保税区外临港新片区内符合条件的重点航运企业和物流企业，享受通关便利化政策。

三是依托临港科技城国际创新协同区与洋山特殊综合保税区联动，打造数字航运产业基地。依托临港科技城国际创新协同区，发挥人工智能、智能新能源汽车、集成电路、新一代信息技术、海洋科技创新等领域的政策和产业优势，实现航运与科技的深度融合，推广云计算、大数据、区块链、人工智能、物联网等技术在航运业深度应用，促进航运运营智能化、航运服务便利化，加快航运数字化转型步伐，提升航运智慧化发展水平。整合港口、航运、贸易等数据，建设港口“智慧大脑”。构建产学研用协同创新平台，推动智慧港口、数字航道、智能航运、水上安全和防污染等重点科研平台建设，打造数字航运产业基地，助推上海打造“智能航运”特色品牌。

二、上海市域各片区错位发展

上海国际航运中心建设与临港新片区联动，需要处理临港新片区与上海自贸试验区其他片区之间、上海其他航运服务集聚区之间的关系，实现错位发展。第一，上海自贸试验区其他片区重在航运制度创新，并形成可复制可推广的航运制度；临港新片区重在实行有差别的航运制度与政策探索，重在航运产业和功能的集聚和创新。第二，作为中国（上海）自由贸易试验区临港新片区，临港新片区需要找准优势，扬长避短，在航运服务领域与其他航运服务集聚区形成错位，重点发展高能级航运服务业。一是形成高能级航运物流枢纽，以洋山港、上海南港、浦东机场、铁路浦东东站、芦潮港铁路集装箱中心站等为载体，推动海运、空运、铁路、内河和公路运输多式联运，提升全球枢纽港功能；二是形成高能级航运服务枢纽，以洋山特殊综合保税区为载体，对标国际最高标准和最好水平，形成自由化便利化航运制度体系和开放型航运产业体系（如跨境航运金融服务、智能航运服务、国际船舶登记服务、航运衍生品服务、离岸航运业务、单机单船融资租赁业务等），加快高端航运要素集聚，提高对外辐射度和对内集聚力，提升航运服务枢纽功能。

三、长三角各区域协同发展

临港新片区和其他片区相比，更加突出强调服务和融入长三角一体化发展战略。在加快建设上海国际航运中心过程中，临港新片区在服务和融入长三角港航一体化发展方面，一方面要与长三角其他区域实现分工协作、协同发展；另一方面要在长三角港航业发展中发挥引领示范作用。

首先，临港新片区在长三角一体化发展背景下，与长三角其他港口城市实现协调发展。

第一，注重规划有机衔接。长三角港口群是中国沿海港口分布最密集、吞吐量最大的港口群。从 2018 年的数据来看，长三角港口群中亿吨港口共有 16 个，全年货物吞吐量完成 43.63 亿吨，占全国港口货物吞吐量的

32.69%。临港新片区航运发展要与长三角港航一体化发展规划有机衔接，助推长三角建成具有全球航运资源配置能力的国际航运中心，共同形成优势互补、互利共赢的港口、航运、物流和配套服务体系。

第二，注重产业功能协同发展。在临港新片区与上海国际航运中心联动过程的同时，还需要利用临港新片区所具有的特殊政策，实现与长三角地区港航业相互联动、协同发展。临港新片区可依托自身在制度和政策方面的比较优势，注重与长三角地区的产业协调；临港新片区依托洋山深水港、上海南港和浦东国际机场，注重与长三角地区的枢纽功能协同。

第三，注重航运设施共享。一是加快洋山深水港建设。在加快建设小洋山北侧集装箱支线码头等项目的同时，临港新片区可以会同浙江自贸试验区共同研究开发大洋山深水港，协同发展集装箱物流服务、中转集拼及转口贸易服务、国际采购和分拨配送业务等。同时，加快研究连接大洋山岛—岱山本岛—舟山本岛的跨海大桥项目，共推舟山至上海的海上北向大通道建设，打通宁波、舟山、上海沿海陆路通道，实现上海港、宁波舟山港连为一体，形成东部沿海环形集疏运公路网络。

第四，注重投融资协同。支持境内外投资者在临港新片区设立的联合专项资金，在长三角地区港航业自由使用；支持开发性金融机构、政策性金融机构和商业性金融机构为临港新片区内航运业发展提供的长期信贷资金，可以使用于长三角港航业发展；支持境内投资者在境外发起的私募基金，参与临港新片区创新型航运企业的融资，凡符合条件的可投资于长三角港航业。

第五，注重制度标准统一对接。临港新片区旨在建立具有高度开放的国际运输管理制度体系和建设具有国际市场竞争力的开放型航运产业体系。需要在长三角层面实现通关一体化和单一窗口的互联互通。一是实现区域通关一体化。借助统一的平台实现信息交换与反馈，允许报关企业“一地注册、多地报关”，允许区域外报关企业在区域内设立的分支机构，在区域海关直接报关；实现监管互认，增强执法的科学性、合法性、高效性，避免信息不对称；实现执法互助，企业在一地办理的“三预”专业认定可以在区域内各海关通用，在总署总担保及汇总征税项目的基础上，实现“一份保函”区域通用。二是实现区域单一窗口数据统一畅通。全面利用大数据与云计算技术，积极发挥国际贸易最前沿的禀赋优势，在完善现有“单一窗口”功能与技术的基础上，形成新片区内各部门、各条线“单一窗口”的对接融合标准，建立“一站式”网络通关系统的贸易网络。采用国际统一的数据标准，进一步简化申报数据，形成统一的单一窗口数据标准，并复制推广到长三角其他地区，逐步实现全国单一窗口，全面畅通。三是实现服务标准规范的引领对接。积极推进高频事项接入长三角“一网通办”，推动航运企业服务事项线上“一地认证、全网通办”，线下“收受分离、异地可办”，应用电子证照在长三角实现办事材料免交、异地发证。通过建立数据池等方式，推动“单一窗口”数据与长三角“一网通办”实现对接，有序推进数据开放应用，进一步实现“大数据”管理。对于双向互通互认有困难的管理事项，在风险可控的基础上，探索率先开展临港新片区的单向联通和认可。

其次，临港新片区在长三角一体化发展背景下，需要发挥自身的特色优势和资源禀赋，提升对长三角的辐射和引领作用。在长三角港航业一体化发展进程中，临港新片区要发挥带动和引领作用。临港新片区高能级航运服务业向长三角地区辐射形成航运产业集群；临港新片区在航运制度与功能创新等方面的有益经验向长三角地区推广并有序实施；临港新片区与长三角海关特殊监管区域、自由贸易试验区联动，放大辐射带动效应。一是利用上海科创中心主体承载区建设，推进长三角航运创新发展。二是强化临港新片区特色和优势功能，推进长江航运协调发展。三是利用洋山特殊综合保税区建设契机，进一步推进长三角自贸试验区全面合作和联动发展，共同打造航运制度创新高地，推进长三角航运开放发展。

第三节　依托“三个主体”

上海国际航运中心与临港新片区联动需要坚持政府引导、市场主导，充分发挥多主体作用。首先，市级层面要加强顶层设计、提供政策制度保障，临港管委会层面要注重发挥特色优势、错位发展。其次，要突出港航企业主力军作用，加快航运要素集聚和功能提升。再次，要发挥好社会组织、行业协会、智库机构、新闻媒体等多主体作用，提高社会参与度，奏响全社会共同推进“上海国际航运中心与临港新片区联动”的交响乐。

一、发挥政府层面的引导作用

首先，从政府层面建立上海国际航运中心与临港新片区联动的联席会议制度，建立由上海市发展改革委员会、交通委员会、财政局、上海海关、上海口岸办、上海海事局等部门参加的临港新片区港口与航运协调机制，统筹规划临港新片区港口和航运产业布局；其次，从政府层面制定上海国际航运中心与临港新片区联动的各项政策与措施，充分利用临港新片区的各项政策与制度，加快上海国际航运中心建设。

二、发挥行业组织的协调作用

在进一步发挥上海现有航运组织（如航海协会、港口协会、航道协会、保险协会等）的协同联动作用的基础上，构建临港新片区专业化航运协会（如临港新片区航海协会、临港新片区航道协会、临港新片区航运保险协会等），协调推进上海国际航运中心与临港新片区联动，促进航运要素进一步集聚临港新片区，提升临港新片区航运服务功能。

支持行业组织承接政府转移职能，积极发挥其在航运政策研究、标准制（修）订、行业诚信自律和国际合作交流等方面的重要作用。支持行业组织协调企业、科研院所，组织开展临港新片区航运科技研发，推动航运技术进步。依托行业组织，建立临港新片区航运公共信息发布平台。支持行业组织建立健全诚信自律制度，引导临港新片区航运企业加强诚信体系建设。

三、发挥航运企业的主导作用

在临港新片区建设背景下，上海国际航运中心建设必须形成以企业为主导的运行机制。利用上海国际港务集团、中外运长航集团、中远海运集团等一些大企业以资本为纽带，通过兼并重组、参股控股等方式，加快航运服务企业集聚临港新片区；吸引国际知名航运企业、物流企业入驻临港新片区；利用启运港退税、沿海捎带、国际中转集拼、保税船舶燃料供应、国际船舶登记等功能创新举措，推进临港新片区航运服务功能协同升级。

第七章 上海国际航运中心与临港新片区联动发展的重大举措

第一节 利用临港新片区现有政策加快建设上海航运中心的对策建议

借鉴国际知名航运中心与自由贸易区联动的先进做法和国内主要航运中心与自贸试验区联动的主要举措,结合中国(上海)自由贸易试验区临港新片区建设的实际,上海既需要充分利用临港新片区现有政策制度,克服自身短板与瓶颈,助推上海国际航运中心新一轮功能提升;又需要依托临港新片区空间载体,对标国际知名航运中心最高标准、最好水平,结合自身特色与优势,实现上海国际航运中心新一轮政策突破。

一、依托洋山特殊综合保税区打造高能级航运服务枢纽

(一)对等原则下开放沿海捎带业务

《临港新片区总体方案》明确提出,研究在对等原则下允许外籍国际航行船舶开展以洋山港为国际中转港的外贸集装箱沿海捎带业务。针对这一政策,提出如下建议:

一是开放中国境内(如香港、澳门)国际航运船舶以洋山港为国际中转港的外贸集装箱沿海捎带业务。

二是跨行业市场对等开放沿海捎带业务。因此,建议在跨行业对等开放原则下允许外籍国际航行船舶开展以洋山港为国际中转港的外贸集装箱沿海捎带业务。如允许开放我国 5G 市场的国家航行船舶开展以洋山港为国际中转港的外贸集装箱沿海捎带业务。

(二)拓展启运港退税政策的适用范围

《临港新片区总体方案》要求进一步完善启运港退税相关政策,为了提

高启运港退税的业务需求，建议利用洋山特殊综合保税区平台，进一步简化启运港退税流程、缩短退税时间；同时建议扩大启运港退税政策的试点范围，将现行启运港退税政策进一步移植到内陆场站，只要货物经由洋山特殊综合保税区港口（包括洋山港、上海南港）离境出口，一旦在内陆场站装运至运输工具，即可享受出口退税政策。

（三）完善国际船舶登记的配套政策。

《临港新片区总体方案》指出，实行更加便利的“中国洋山港”籍船舶登记管理制度，在确保有效监管、风险可控前提下，对境内制造船舶在“中国洋山港”登记从事国际运输的，视同出口，给予出口退税。为了加快新片区国际船舶登记政策的落地，提升国际船舶登记政策的实施效果，建议如下：

一是逐步拓展船舶登记的适用范围和业务形式。船舶登记的适用范围扩展到不参与国内运输市场经营的钻井平台、海洋工程船、私人游艇等；船舶登记的业务形式扩展到船舶融资租赁登记。

二是逐步放开船舶法定检验。借鉴香港、美国等境外国家和地区的船舶法定检验的经验和做法，逐步开放船舶法定检验。

三是进一步简化船舶登记流程。借鉴香港船舶登记注册经验，简化注册手续，建立船舶登记“单一窗口”，集中办理船舶登记涉及的各个环节的审批，减少国际船舶登记流程，缩短国际船舶登记周期。

（四）完善国际船舶管理的配套政策

《临港新片区总体方案》指出，建设国际航运补给服务体系，提升船舶用品供应、维修、备件、燃料油等综合服务能力。国际航运补给服务是国际船舶管理业务的主要组成部分，鉴于目前自贸试验区国际船舶管理公司存在税收成本偏高、外汇进出不便捷和口岸通关不便利等问题，提出如下对策建议。

一是构建国际船舶管理业外汇分控系统。鉴于当前船舶管理企业外汇支付瓶颈问题，可以选择建立国际船舶管理公司外汇自由流动分控系统，报国家外汇管理局和中国人民银行备案，同时银行会同临港管委会等有关部门建立国际船舶管理公司绿码红码制，对符合绿码条件的船舶管理公司可在 FT 账户下进行外汇资金的自由进出，实行事中事后监管模式。

二是优化财务核算体系，明确代收代付事项。船舶管理业务的“代收代付”问题，是当前迫切需要解决的问题。建议将船舶管理产业的“代收代付”项列为临港新片区航运制度创新试点，在船东与船管公司双方合同中明确“代收代付”事项，船管公司以预收款方式记录会计科目，建立“代收代付”财务核算体系，对涉及的船员管理、船舶备件交易以及船舶物资供应等项目列入“代收代付”项下，差额部分给予征税。

三是采用网上预申报制度，实现船舶维修备件便利化通关。充分发挥临港新片区便捷化的口岸环境，对于船舶维修备件等货物的口岸通关，采用网上预申报制度。在维修备件到达港口之前，就通过海关等口岸综合部门的网上预申报系统进行提前申报，对维修备件等货物的进口采取事前网上预审核，货物到岸之后即可快速便捷通关，切实提高维修备件的口岸通关效率。

（五）加快构建洋山国际中转集拼中心

《洋山特殊综合保税区产业发展和空间布局规划》提出，努力到2035年，打造国际中转集拼中心。为了加快洋山国际中转集拼中心建设，建议如下：特殊综合保税区内企业提发货申请不需要报关，取消海关账册管理；进口分拨货物可以不报关直接进入特殊综合保税区仓库，由本地货主报关提离；中转货物进出都不需要报关，货物集拼以后直接出口；解决近洋和远洋航线的分离问题，近洋航线逐渐向洋山集聚，降低中转集拼的时间成本和物流成本；对接“一带一路”倡议，实现海运和中欧班列的无缝衔接，拓展国际中转集拼的物流通道，促进国际中转集拼的规模化运作；对接浦东国际航空货运枢纽中心，利用洋山特殊综合保税区特殊制度优势，实现洋山国际中转集拼中心与浦东国际航空货运中转枢纽互动发展。洋山港的境外转口货物通过海上物流通道运至国际航空货运枢纽中心，与通过航空、铁路、公路等方式运至该中心的国内货物进行二次拆拼箱，并根据目的港的不同，开展国际国内（国内进口中转）、国内国际（出口中转）、国际中转（即国际到国际，两次拆箱）及国际货物的延迟中转等“集拼”作业，使该中心成为东南亚、日韩至北美、欧洲、中亚等地的重要货源中转站，扩大国际中转集拼量，从而将浦东机场打造成面向亚太的国际航空货运中转枢纽。

（六）提升国际航空货运枢纽能级

加快明确浦东机场南部区域“境内关外”地位。建议加快完成二期浦东机场南部区域的物理围网工程，明确其“境内关外”地位，区内不设置海关机构，只保留简易的报关通关程序，除列入负面清单的国家贸易管制类项目（包括禁止类、限制类），其余货物、物品、技术进出均不报关、不统计、不验证，只需传输电子舱单，同时实施关税及进出口环节税豁免政策，免除海关惯常监管，实现贸易自由和国际运输自由。

提升基地航空公司国际货运规模。目前浦东机场国际航空货运枢纽基地航空公司布局建设步伐缓慢，浦东机场尚未形成以通达全球为目标的国际中枢基地航空公司。目前，浦东机场仅拥有东方航空公司一家基地航空货运公司，东航货运机队规模为9架全货机，而美国仅FedEx公司持有全货机数量超过600架，东航在规模、效益、服务等方面与国外大型航空货运公司存在非常大的差距，在浦东机场货运量方面尚未占有主导地位。为了促进浦东机场国际航空货运枢纽的建设，一方面建议积极培育现有的基地航空货运公司，大力拓展东航货运机队规模，提升国内外货运运力响应水平。另一方面建议加快吸引其他航空公司作为基地航空公司，并在财税政策、土地政策方面给予一定倾斜，提高基地航空公司入驻和集聚效率。

（七）鼓励开展航空维修和航空交易产业

依托浦东机场南部区域，发挥毗邻浦东机场优势，发展航空维修产业。一是实施“两头在外”航空器材包修转包区域流转试点；二是鼓励飞机维修企业承揽境外航空器材包修转包修理业务；三是鼓励设立外商独资飞机维修企业。

依托芦潮港区域，发挥物流园区优势，发展航空交易服务业。培育支撑航空产业及其配套产业发展的功能平台，重点构建航空服务交易平台和航空材料交易平台。通过打造上述交易平台，可以更加直接、高效地汇聚航空零配件生产商以及航空服务企业，打通航空物流“最后一公里”，促进航空服务业创新发展和协同发展。

（八）打造上海强化开放枢纽门户功能的核心承载区

依托临港新片区，强化上海国际航运中心对开放枢纽门户功能的支撑作用，加快打造上海强化开放枢纽门户功能的核心承载区。

一是依托物流基础设施和航运企业集团，提升上海开放枢纽门户的航运网络控制力。其一，提升上海开放枢纽门户的物流通道控制力。在推进上海航空货运枢纽港建设和巩固上海国际集装箱枢纽港地位的基础上，进一步制定海空联动相关政策，通过构建综合交通"数字枢纽"智慧服务体系，实现海港和空港信息互联，通过构建资本纽带关系实现海港和空港运营联动，进一步拓展海空联运功能，形成海空联运枢纽，从而逐步形成面向全球的航运资源要素流通和航运产业梯度转移的物流通道。其二，提升上海开放枢纽门户的物流服务控制力。支持本土航运集团企业依托全球运输网络联合航空企业拓展航空货运业务，布局空运市场，形成点、线、面有机结合的海空联运网络体系，延伸航运物流服务业务，提供具有时效竞争力的全程运输服务，最大程度保障客户供应链的稳定运转，增强对全程物流运输服务的控制能力。

二是依托制度和企业创新，提升上海开放门户枢纽的航运服务辐射力。其一，完善航运制度体系。利用洋山特殊综合保税区的开放前沿载体，围绕功能创新深化制度创新，推进由商品和要素流动的政策性开放向机制体制创新的制度型开放。推进国际中转集拼规模化运作、拓展国际船舶登记适用范围和业务形式、提高国际船舶管理企业集聚度、扩大国际航权开放，提高对国际航线、货物、信息、资本等要素资源的集聚和配置能力，提升国际航运中心的全球辐射能力。其二，提升港口企业的国际化水平。借鉴新加坡港码头运营经验，推动港口企业由港口装卸商向全球码头运营商转型。加强与"21世纪海上丝绸之路"节点港口城市之间的合作，投资建设和合作运营沿线港口码头，进一步提升国际化水平；拓展与国际知名船公司之间的合资合作渠道，激励船公司将上海港作为其亚洲乃至全球枢纽，进一步提升上海港口的国际地位和航运枢纽功能。其三，构建覆盖全球的航运服务产业链和价值链。以临港特殊经济功能区和洋山特殊综合保税区为载体，通过不断创新外汇、金融、税收和海关监管制度，壮大高附加值、高竞争能力的航运高端产业（如航运金融、航运仲裁、国际船舶管理等），加快高端航运服务业聚集速度，提高航运高端服务产业的国际市场份额；通过强化产业融合，培育高市场需求、高综合效益的航运新兴产业(如数字航运、智能航运、低碳航运等),提高航运新兴产业的国际竞争力。以航运高端产业为支柱,以航运新兴产业为先导,构建覆盖全球的航运产业链和价值链。

三是依托优势领域及早制定规范标准,提升上海开放门户枢纽的航运规则引领力。对标国际最高标准、最好水平的国际航运中心,为中国增强国际航运规则及航运治理的话语权发挥引领和示范作用。在自动化码头领域,依托上海国际港务集团公司、上海振华重工集团公司、上海港口协会等现有航运企业和航运功能性机构,牵头制定自动化码头国际标准体系,通过牵头制定相关规则标准而成为对应领域的引领者。在航运在线服务平台领域,依托在线服务平台"运去哪"和上海航运交易所等航运机构,打破航运线上服务平台、海关、港口、航运公司之间的数据壁垒,积极吸引国际航运机构和学者深入参与航运在线服务标准研究,提升航运标准的国际认可度和影响力。在航运区块链领域,建议获得国家层面的支持,以中国与世界主要国家签署协定的方式,在上海成立"国际数字航运合作组织",并通过该组织尽快牵头制定航运区块链标准体系。在港口建设和管理、船员教育与培训方面,上海具有全球优势,且与国际接轨阶段已基本完成,初步具备了在规划、标准、技术等方面引领国际话语权的资格和能力。在航运环保领域,由于中国提出2030年二氧化碳排放总量达到峰值的新目标,我国船舶的船龄和技术状态在国际市场上均居平均水平之上。上海可以代表国家引领制定航运环保目标,改变我国在IMO环保讨论中的被动局面,逐步提升中国在航运环保领域的话语权。

二、依托滴水湖金融湾打造跨境航运金融服务中心

《临港新片区总体方案》指出,支持内外资企业和机构开展航运融资、航运保险、航运结算、航材租赁、船舶交易和航运仲裁等服务,探索发展航运指数衍生品业务,提升高端航运服务功能。依托滴水湖金融湾,充分利用临港新片区金融全方位开放创新优势,以及跨境投资经营便利、资金流动便利、信息快捷联通的自由化制度优势,通过对接临港新片区金融制度创新进一步构建航运衍生品交易中心,打造具有上海特色的"航运指数"品牌;构建保税航空融资租赁中心和各类航运交易平台,形成具有国际影响力的跨境航

运金融服务中心。

(一)构建航运衍生品交易中心

一是分阶段开发航运衍生品交易平台。第一,利用上海航运交易所现有的集装箱运价交易平台,以上海出口集装箱运价指数(上海至美西、上海至欧洲航线)为结算依据,先行推出集装箱运价期货、运价期权等创新性产品,构建集装箱运价期货交易平台、期权交易平台。第二,加强上海航运交易所与波罗的海航运交易所之间的合作,以波罗的海干散货和油轮运价指数为结算依据,开发干散货和邮轮运价期货、运价期权交易产品,构建干散货和油轮运价期货交易平台、运价期权交易平台。

二是健全航运衍生品市场的监管体系。建议由中国(上海)自由贸易试验区临港新片区管理委员会、上海市交通委员会、上海市金融服务办公室联合制定《航运衍生品交易管理办法》,形成跨部门的综合监管体制。

三是采用认股权证激励制度提升航运衍生品交易规模。凡是通过航运衍生品交易平台进行交易的经纪人,将会获得航运衍生品交易公司的认股权证,并根据其实际成交量获得相应的股份。

四是制定航运衍生品交易的配套制度。一是引入投资者适当性制度。针对不同的产品实施不同程度的准入标准,针对不同的投资者匹配不同风险级别的产品。二是引入做市商制度。鉴于航运衍生品市场流动性比较低、交易对手比较少,建议在适当时候引入做市商制度。选择具备一定实力和信誉的法人充当做市商,不断地向投资者提供买卖价格,并按其提供的价格接受投资者的买卖要求,以其自有资金与投资者进行交易,从而为市场提供即时性和流动性,并通过买卖价差实现一定利润。三是引入持仓限额制度。为了更好地控制航运市场风险,防范操纵航运市场价格的行为,防止航运衍生品市场风险过度集中于少数投资者,建议针对不同的运价区间对投资者设置不同的持仓限额,超过限额,交易所可规定强行平仓或提高保证金比例。

(二)开展保税航空融资租赁业务

为了大力发展临港新片区航空服务业,建议获得外汇管理部门及临港新片区管委会的支持,利用临港新片区获批的跨境资金池业务,低成本引入境外融资资金，同时利用“套期保值”金融掉期产品锁定汇率，开展以飞机整机、航空发动机、航材、航空培训装备等为标的物的保税航空融资租赁产业。通过开展保税航空融资租赁产业，一方面可以促进临港新片区航空要素的集聚，有利于形成国际航空枢纽和航空产业体系；另一方面可以进一步带动跨境融资、外汇套期保值、资产证券化、银行（商业）保险等衍生金融服务需求。

（三）打造航运资产类交易平台

为了更好地促进航运高端服务业和航运实体产业的融合发展，建议在中国（上海）自由贸易试验区临港新片区内开展支持航运实体经济发展的航运交易平台，如国际航运产权交易所和国际航运技术交易所。主要涉及航运资产交易（如船舶交易、飞机交易、港口机械交易、海洋工程设备交易等）、航运产权交易（产权整体交易如兼并、出售等，产权分割交易如参股、控股等，产权分期交易如承包、租赁等）、航运技术交易（涉及新船型开发、航空发动机研发、航运安全、航运节能减排、航运信息化等技术）。

（四）率先试点建立航运碳交易平台

结合上海在船舶排放控制、港口岸电等方面的基础和优势，发挥在长三角绿色航运发展中的引领作用，建议上海市政府向国家发改委、交通运输部申请创建上海航运低碳交易创新试点城市，并依托临港新片区的自由化便利化投资制度和金融创新优势，与上海环境能源交易所、上海航运交易所、上海清算所等机构合作，率先试点开展航运碳交易，并稳步推进构建全球航运碳排放交易平台，逐步制定中国上海碳交易标准，引领国际航运碳交易规则的制定和碳交易市场的发展，提升上海国际航运中心的软实力和竞争力。

三、依托科技城国际创新协同区打造数字航运产业基地

依托临港科技城国际创新协同区，发挥人工智能、智能新能源汽车、集成电路、新一代信息技术、海洋科技创新等领域的政策和产业优势，实现航运与上述产业的深度融合，打造数字航运产业基地，助推上海打造“智能航运”特色品牌。

（一）构建航运数字化联盟，打造创新型港口社区平台

由临港新片区管委会牵头搭建平台，吸引航运企业、码头运营商等参与

合作，联合技术企业、大型电商，共同探索并推行区块链、大数据、云计算等前沿技术在航运业务中的应用，构建航运数字化联盟，并打造以洋山港为中心的数字港口社区平台，逐步整合现有的面向单一业务内容的各个航运服务平台，形成以政府为主导、以企业为主体，具有数字化运营和技术创新两大功能的新型港口社区平台。

（二）制定航运数字化标准，抢占数字航运制高点

携手各利益相关方及技术供应商积极开展航运数字化标准研究，每年及时制定与发布航运数字化所涉及的各项信息技术标准，并使上海航运能够采用通用的信息技术标准，减少冗余环节和流程，提高信息数据的透明度。特别是在航运区块链的技术标准方面，及时推出“上海标准”并在国际大力推广应用，抢占航运数字化技术标准的制高点。

（三）率先推动航运业务无纸化，开发航运网络安全技术

全面推行航运业相关的电子化凭证。在港口实现设备交接单、提货单等全面“无纸化”，与航运企业合作推动电子提单的应用，尽快实现所有业务端到端的电子“一单制”，实现上海口岸电子提单的业务全覆盖。

合作开发航运业务无纸化运营的安全技术。业务电子化需要具备网络数据安全的保障，因此需要联合技术方积极打造网络安全环境，合作开发先进的网络安全技术，投入专项资金支持航运数字平台的数据加密、防火墙等技术开发项目，为航运业全面数字化转型提供数据安全保障，解除“后顾之忧”。

第二节　依托洋山特殊综合保税区进一步寻求航运政策突破的对策建议

洋山特殊综合保税区是临港新片区打造为特殊经济功能区的集中承载区，是我国目前开放程度最高、改革力度最大的海关特殊监管区。建议依托洋山综合保税区特殊的制度条件和差异化的政策创新，对标境外航运中心的最高标准，聚焦上海航运中心的特色优势，向中央进一步寻求政策支持。

一、对标境外航运中心最高标准，持续优化航运制度的政策建议

近年来，上海国际航运中心建设取得了显著进展，但现行政策制度与境

外国际航运中心仍存在一定差距。上海可以利用洋山特殊综合保税区向国家争取先行先试的政策突破，加快接轨境外航运中心的最高标准和最好水平，实现上海国际航运中心新一轮政策突破。

（一）减征航运企业所得税

借鉴境外航运中心香港、新加坡的企业税收政策，以及临港新片区集成电路、人工智能、生物医药、民用航空等关键领域核心环节生产研发企业的税收政策，对注册于洋山特殊综合保税区内的航运企业自设立之日起 5 年内减按 15%的税率征收企业所得税。

（二）减免航运人才个人所得税

目前，我国船员个人所得税税率偏高，船员实际收入偏低，导致船员流失情况严重。建议充分考虑船员职业的特殊性和国际通行惯例，进一步突破船员个人所得税制度。对注册于临港新片区内航运企业雇佣的国际航线船员出海半年以上免征个人所得税。

为了进一步加快引进航运高端人才，建议对注册于临港新片区内的航运企业高管、高级管理人才实行个人所得税优惠制度。

（三）优化船舶管理相关制度

为了加快集聚外资船舶管理企业，对于外资船舶管理公司开展的船舶备件、物料、燃油等供应业务，建议按照代收代支相关款项进行支付，针对境外采购、配送的船用物品，建议实行零税率；针对国内采购的国际航行船舶船用物品，建议实行出口退税。建议临港新片区管委会会同上海市交通委向交通运输部提议修改《中华人民共和国国际海运条例》第二十二条相关内容，将船舶管理服务纳入代收代付业务范围。

（四）进一步探索创新船舶登记制度

为了提高国际船舶登记业务规模，建议在《临港新片区总体方案》现有船舶登记政策基础上，借鉴天津市开展融资租赁船舶出口退税试点经验，在新片区内探索创新融资租赁船舶登记制度。对境内制造船舶在“中国洋山港”登记、且为登记注册于新片区内的融资租赁企业经营的船舶，如果所有权转移给境外企业，实行融资租赁船舶出口退税试点。

（五）实行适度空域开放政策

目前上海的航空区域资源相对紧张，航空运输涉及审批部门多且审批流程复杂。随着临港新片区的建设，浦东机场国际航空运输服务需求将进一步提升。建议临港新片区管委会、上海市交通委员会和浦东机场积极争取国家的支持，最大限度地开放空域资源，在国际航线航权谈判及国际、国内航线审批时，特别针对货运的白天航线审批给予政策支持，适当增加货运始发航班、鼓励经停航班，为浦东机场物流网络的扩张和物流规模的扩大提供有力的保障，从而优化浦东机场的国际国内货运航线航班网络。

（六）进一步推行航权开放政策

进一步向世界知名航空企业开放“第五航权”“第六航权”，优化浦东机场的国际中转环境，吸引周边国家的航空中转货流与国际货流，在更大范围内实现海陆空一体化联动。浦东机场已开通货运航线的第五航权，建议进一步向世界一流航空企业开放“第六航权”，拓展航线网络，从而加快形成上海国际航空枢纽。

二、针对上海航运中心发展特征，主动探索“自选动作”先行先试的政策建议

上海国际航运中心建设既要借鉴境外航运中心的有益做法，又要探索自身的转型升级之路。需要体现中国特色（形成实体产业与服务产业融合发展的航运产业结构，构建接轨与引领相结合的航运规则体系）、上海特点（注重与国家战略的对接、注重与自然环境的协调、注重与科技创新的联动、注重与其他产业的融合、注重与城市发展的协同）和时代特征（形成全球物流通道和航运价值的控制中心、建设全球示范型绿色港口城市、构建竞争与合作的长三角航运一体化体系）。简而言之，上海未来建成的国际航运中心，应当直接打造国际航运中心的全球升级版或中国专业版，而不能沿袭目前国际上现有国际航运中心走过的老路，不能照搬照抄纽约、伦敦、香港和新加坡的经验与模式。基于上海国际航运中心的自身特点和上海国际航运中心的未来发展，主动探索更多“自选动作”的先行先试，因此建议向中央寻求如下的政策支持：

（一）允许普通中转与国际中转一体化管理，实现规模化运作

上海不同于新加坡、釜山等港口，主要体现为腹地型港口，境内进出口货物比例较高，国内出口拼箱货物和本地进口分拨货物在中转货物中占比

较高。目前国内出口拼箱、国际中转、区内货物在物理空间上相互独立，一方面提高了货物中转的物流成本和时间成本，另一方面不利于国际中转集拼的规模化运作。建议国内出口拼箱货物仓库允许设立在特殊综合保税区内，货物报关可以进入特殊综合保税区，并可以作为特殊综合保税区内货物再出口。建议优化中转集拼货物监管模式及申报流程，实现出口拼箱、国际中转拼箱等多业态同场作业，打造适合上海国际中转集拼业务发展的专属集拼库区。通过上述举措真正实现国内出口货物、区内货物、进口分拨货物、国际中转货物一体化管理，实现国际中转集拼的规模化运作。

（二）强化长三角区域航运功能整合，共建辐射全球的航运枢纽

随着长三角更高质量一体化发展上升为国家战略，有必要进一步完善顶层设计，打破行政区划的束缚，强化航运服务功能整合，实现临港新片区与长三角区域之间航运产业协调、物流服务协同、政策制度统一和航运功能一体化，进一步促进上海国际航运中心加快同长三角共建辐射全球的航运枢纽。

在航运产业协调领域，临港新片区可依托自身的港口区位条件和政策制度优势，发挥在长三角中的航运要素集聚作用和功能辐射作用；长三角其他城市在承接临港新片区航运服务功能辐射的同时，发挥对其上游腹地的航运服务辐射作用，从而形成点—轴—面有机结合的、长三角航运产业梯度转移相适应的渐进式航运服务产业链，实现长三角航运产业的协调发展。

在航运物流服务协同领域，临港新片区依托是多元化对外交通通道，发展在长三角港口物流体系中的综合节点作用，形成级序分明、信息畅通、功能配套、运转高效、管理规范的港口物流体系，促进长三角港口群的区域分工与合作，形成立体化网络状的长三角综合交通运输体系，实现长三角物流服务的协同发展。

在政策制度统一领域，首先，从国家层面，借鉴莱茵河航运中央委员会的管理体制，建立由国家发改委、财政部、交通运输部、海关总署等管理部门参加的长三角港口群统筹协调机制，统筹规划区域港口和临港产业布局，促进港航基础设施共建共享和共同发展；其次，从长三角层面建立区域合作机制，制定临港新片区与长三角城市航运协调发展的各项措施，加快探索长三

角地区国际贸易单一窗口“通关＋物流”应用，合作建立跨关区的执法协调机制以及关区、管区和地区“三区联动”的管理体制；再次，从社会层面构建长三角航运组织，在进一步发挥长江经济带航运联盟的协同联动作用的基础上，借鉴欧洲莱茵河和美国密西西比河做法，构建长三角专业化航运协会（如长三角航运协会、长三角航道协会、长三角航运保险协会等），协调推进临港新片区与长三角区域航运资源高效配置、航运要素有序流动、航运市场深度融合和航运政策互动共享，提升长三角航运服务功能。

在航运功能一体化领域，以市场为基础、项目为载体、资本为纽带、龙头企业为抓手，积极推进临港新片区航运企业与长三角企业之间的合作与联合。通过兼并重组、参股控股长三角港航企业等方式，形成跨区域企业之间利益共享、风险共担的多元运行机制，形成以企业为主体的运营网络，推进长三角航运服务功能互动共享；利用启运港退税、沿海捎带、国际中转集拼、保税船用油供应、国际船舶登记等功能创新举措，推进长三角航运服务功能协同升级；利用长三角港口群干线港、支线港、喂给港三个层面的港口体系建设为引领，积极推进相关企业开展全方位、多形式的经济合作。

（三）简化航空服务审批流程，创新航空监管模式

借助临港新片区改革创新制度，构建具有国际竞争力的航空服务产业监管模式，建设航空保税物流仓库，提高航空维修中转效率。对符合条件的企业，简化高技术航空产品、飞机备件或技术进口以及国产民机产品出口的审批、清关等流程。对于以旧换新的航空备件，海关目前仅仅针对大型航空企业采用简化的监管流程和优惠的关税政策，建议进一步推广至其他中小型航空服务企业。

参 考 文 献

[1] 国务院.中国(上海)自由贸易试验区临港新片区总体方案[EB/OL].新华社,2019-8-6.

[2] 中国(上海)自由贸易试验区临港新片区管委会,等.关于促进洋山特殊综合保税区对外开放与创新发展的若干意见[EB/OL].中国(上海)自由贸易试验区临港新片区管委会网站,2020-5-26.

[3] 中国(上海)自由贸易试验区临港新片区管委会.中国(上海)自由贸易试验区临港新片区进一步促进服务业高质量发展的实施意见[EB/OL].中国(上海)自由贸易试验区临港新片区管委会网站,2020-5-12.

[4] 中国(上海)自由贸易试验区临港新片区管委会.中国(上海)自由贸易试验区临港新片区关于积极发挥财政扶持政策作用支持经济高质量发展的意见[EB/OL].中国(上海)自由贸易试验区临港新片区管委会网站,2020-5-11.

[5] 夏骥.上海自贸试验区临港新片区引领长三角更高质量一体化发展[J].科学发展,2020(3):61-69,106.

[6] 闫燕,叶金龙.中国(上海)自由贸易试验区临港新片区若干问题研究[J].国际商务财会,2020(1):20-23.

[7] 蒋元涛,汪传旭.上海加快港航业创新驱动发展的对策建议[J].科学发展,2020(11):24-30.

[8] 况兴轩,侯建荣,顾炜威,沈莉芸."一带一路"背景下上海自贸临港新片区发展与展望[J].现代管理科学,2020(2):15-17.

[9] 龙云,安陈卉,赵舒睿.自贸试验区与经济功能区协同发展研究[J].区域金融研究,2019(6):68-73.

[10] 汪传旭,张乐.全球主要港口城市航运网络联系能级及上海对策[J].科学发展,2020(3):53－60.

[11] 刘宗杨,熊海涛,周春辉.新冠肺炎 COVID-19 对航运业的影响与对策[J].交通企业管理,2020,35(6):10－13.

[12] 高江虹.疫情推动创新——全球化、数字化将成为航运业发展的重要特征[N].21 世纪经济报道,2020－06－03(011).

[13] 王玲,孙瑞红,叶欣梁.新时代上海绿色航运中心建设研究[J].物流科技,2019,42(3):103－105,118.

[14] 杨顺益,罗宏伟,刘燕婕,应翰海,马一.航运对长江生态环境的影响和绿色航运体系研究[J].水运工程,2017(2):33－38,66.

[15] 杨志坚.以"五位一体"新格局勠力推进"一带一路"建设[N].中国远洋海运报,2019－12－27(B02).

[16] 朱振.上海国际航运中心:奋进新时代[J].中国远洋海运,2020(08):2.

[17] 仉培宏,韩增林.特殊经济功能区在城市创新体系中的作用——以大连为例[J].国土与自然资源研究,2012(01):9－11.

[18] 魏亚平.经济功能区投融资模式与管理的研究[D].天津:天津大学,2010.

[19] 惠冰.复合型经济功能区管理体制创新构想——以天津滨海新区为例[J].天津社会科学,2008(04):70－74,90.

[20] 王洋.特殊经济功能区的设立对经济增长的影响[D].上海:复旦大学,2014.

[21] 黄丙志.上海自贸试验区新片区服务贸易开放与监管国际借鉴[J].科学发展,2020(6):40－49.

[22] 李春梅,王丽娟.国际自由贸易区与我国保税区发展转型的探讨[J].对外经贸实务,2008(10):75－78.

[23] 李锋,陆丽萍,陈畅,张鹏飞.创新监管制度提升上海高端保税服务能级[J].科学发展,2020(04):5－11.

[24] 李建媛.上海自贸区国际航运服务的发展现状及升级途径[J].对外经贸实务,2016(3):81－84.

[25] 陈继红，刘巽良，万征，何新华.中国实施国际船舶登记制度的制约因素及未来的对策[J].未来与发展，2014(2)：31－35.

[26] 谢燮，贾大山，汤震宇.自贸区框架下的航运政策创新分析[J].交通与港航，2015，2(4)：4－5.

[27] 王杰，李艳君，白玮玮.中国(上海)自贸区下的航运政策解析[J].世界海运，2014，37(2)：35－40.

[28] 卓雯君.中国(上海)自由贸易试验区国际中转集拼中心海关监管格局初探[J].海关与经贸研究，2014，35(2)：39－45.

[29] 陈继红，朱磊.洋山深水港集装箱"水水中转"集疏运模式与对策[J].水运工程，2012(1)：34－38.

[30] 邓聚龙.灰色预测与决策[M].武汉：华中理工大学出版社，2002：176－177.

[31] 张树奎，鲁子爱.港口集装箱吞吐量的灰色神经网络预测模型研究[J].江苏科技大学学报(自然科学版)，2014，28(3)：216－219.

[32] 杨继军，范从来."中国制造"对全球经济"大稳健"的影响——基于价值链的实证检验[J].中国社会科学，2015(10)：92－113.

[33] 袁其刚，刘斌，朱学昌.经济功能区的"生产率效应"研究[J].世界经济，2015(5)：81－104.

[34] 黎绍凯，李露一.自贸区对产业结构升级的政策效应研究——基于上海自由贸易试验区的准自然实验[J].经济经纬，2019，36(05)：79－86.

[35] 孙英杰，林春，康宽.自贸区建设对经济"三驾马车"影响的实证检验[J].统计与决策，2020(23)：70－72.

[36] 林锋.把上海国际航运中心建成全球航运资源配置中心[J].社会科学，2010(6)：28－36，187－188.

[37] 张新玉.关于推进自贸区背景下上海国际航运中心建设的思考[J].改革与开放，2017(18)：24－26.

[38] Zhou X.，Chen X.，Dong J.Study on the optimization of collection and distribution system of freight hub ports：Illustrated by the case of Shanghai International Shipping Center，China[J]. Transportation

Research Procedia,2017,25:1126 - 1136.
[39] 潘坤友,曹有挥,魏鸿雁.长三角地区集装箱航运网络演化与效应[J].经济地理,2018,38(2):90 - 97.
[40] 汪传旭."一带一路"国家战略下长三角航运中心布局研究[J].科学发展,2017(4):29 - 39.
[41] 洪银兴,王振,曾刚,等.长三角一体化新趋势[J].上海经济,2018(3):122 - 148.
[42] 孙志龙.上海国际航运中心与长江航运业的联动发展[J].水运管理,2018,40(7):10 - 12,31.
[43] 茅伯科.面向 2035 的上海国际航运中心建设[J].交通与港航,2018,5(4):2,5 - 12.
[44] 黄征学.上海在推进长三角一体化过程中发挥中心城市作用研究[J].科学发展,2018(12):58 - 67.
[45] 戴华.加快上海国际航运中心建设的思考[J].中国港口,2018(12):28 - 31.
[46] 唐坚.推进上海国际航运中心建设助力长三角湾区经济提升发展研究[J].全国流通经济,2019(25):95 - 98.
[47] 邱晨.上海港与长三角港口的联动发展[J].水运管理,2020,42(8):30 - 32,42.
[48] 章强.长三角港口群发展定位的演变及上海港对策研究[J].航海,2020(6):3 - 7.
[49] 蒋春艳,管红波. 上海国际航运中心与区域经济互动发展研究[J].上海管理科学,2020,42(4):56 - 61.
[50] 徐荣.发挥临港新片区制度创新优势,提升浦东机场国际航空货运枢纽能级[J].科学发展,2020(7):51 - 59.
[51] 常亚杰.上海在双循环发展战略中的功能与路径选择[J]. 科学发展,2021(4): 53 - 58.
[52] 贾净雪. 进博会溢出效应助力构建双循环新发展格局[J]. 对外经贸实务, 2021(4): 92 - 95.

[53] 舒凯. 上海推动“四大品牌”建设[J]. 中国外资，2019(11)：46-47.
[54] 严皎婕.“双循环”格局下绍兴城市能级现状及提升建议[J]. 合作经济与科技，2022(13)：12-15.
[55] 荣伟成. 新时代上海国际航运中心建设路径的研究[J]. 淮南师范学院学报，2022，24(3)：85-91.
[56] 汪传旭.“一带一路”倡议与上海国际航运中心建设[M]. 上海：格致出版社，2019.
[57] 李娜，姜乾之，张岩.新时代下长三角港口群发展新趋势与对策建议[J]. 上海城市管理，2019，28(04)：46-50.
[58] 熊健.上海自贸区临港新片区发展模式与空间对策研究[J]. 上海城市规划，2020(5)：57-62.
[59] 王勤.新加坡全球海洋中心城市构建及其启示[J].广西社会科学，2022(4)：42-51.

索　引

B

保税仓储　57

保障有力　95

C

产业转型　91

长三角　9

船舶管理　21

船舶交易　33

船舶融资　49

创新发展　18

D

大数据　8

单一窗口　3

低碳航运　119

电子商务　54

吨税制　85

多式联运　20

F

服务产业链　20

辐射 15

G

港口岸电 121
港口群 11
高端航运 11
供应链 3
国际航运中心 2

H

海空联运 48
海事教育 95
海事仲裁 44
海铁联运 5
航权开放 42
航运功能 33
航运金融 9
航运业态能级 103
航运指数衍生品 33
话语权 10
货运代理 88

J

基础设施 1
基地航空公司 88
集聚区 53
集疏运体系 5
集装箱 3
监管模式 18

江海联运 53
境内关外 30

K
开放发展 93
开放枢纽门户 16
开放型经济 17
口岸环境 116
跨境投资 45

L
离岸航运 19
临港新片区 15
绿色发展 10

M
码头泊位 82
贸易自由化 24

P
排放控制区 4

Q
启运港退税 16
区域合作 17
全生命周期 59

R
融资租赁 21

S

双循环 17
水路运输 5

T

通关效率 12
吞吐量 5

W

物联网 21
物流服务 9

X

先行先试 19
协调发展 110
新亚欧大陆桥 59
信息技术 2
行业诚信自律 113

Y

沿海捎带 16
一体化 4
云计算 8

Z

制度创新 18
智慧港口 21
智能航运 75
中欧班列 60

中转集拼　16
资源配置　14
自贸试验区　14
总部经济　92